N3
N4
N5

하루 10분
일본어능력시험

NEW

하루 10분
일본어능력시험

N3
N4
N5

NEW

하루 10분
일본어능력시험

N3
N4
N5

NEW
일본어
단어장

NEW
일본어
단어장

하루 10분
일본어능력시험

N3
N4
N5

초판 6쇄 인쇄 2007년 10월 5일
개정 3쇄 발행 2023년 02월 15일

지은이 | 오쿠무라 유지 · 임단비
펴낸이 | 양봉숙
디자인 | 김선희
편　집 | 조선희
마케팅 | 이주철

펴낸곳 | 예스북
출판등록 | 2005년 3월 21일 제320-2005-25호
주소 | 서울시 마포구 서강로 131 신촌아이스페이스 1107호
전화 | (02) 337-3054
팩스 | (0504) 190-1001
E-mail | yesbooks@naver.com
홈페이지 | www.e-yesbook.co.kr

ISBN 978-89-92197-72-4 13730

들어가며

일본어능력시험(JLPT)은 일본어 학습자가 습득한 일본어의 능력을 객관적으로 측정하여 공적으로 평가 받게 하기 위한 목적 하에 일본국제교류기금과 일본국제교육협회에서 일본어를 모국어로 하지 않는 사람들을 위해 1984년부터 시행하게 되었다.

♠ **실시 방법 :** 2008년까지는 매년 12월에 연 1회 실시, 2009년부터는 7월과 12월 연 2회로 확대 실시.

N1 일본어 900시간 정도 학습한 수준으로 고도의 문법과 한자 2,000자 정도, 1만 어휘 정도를 습득해 일상생활이 가능하고, 대학에서 학습 · 연구가 가능한 수준

N2 일반적인 회화가 가능하고, 읽고 쓸 수 있는 능력을 갖춘 수준으로, 일본어 600시간 정도 학습하고 중급 일본어 코스를 마친 수준

N3 기존 JLPT의 N2와 N3 사이에 해당하는 레벨로 일상적인 화제나 정보, 그와 연관되어 난이도가 약간 높은 문장을 독해할 수 있으며, 자연스러운 속도로 구현되는 체계적 회화를 구체적으로 이해할 수 있는 수준

N4 일상적인 회화가 가능하고, 간단한 문장을 읽고 쓸 수 있는 수준으로, 일본어를 300시간 정도 학습하고 초급 일본어 코스를 마친 수준에 해당

N5 일상생활에서 활용되는 기본적인 한자, 히라가나나 가타카나로 이루어진 기본적 표현을 읽고 이해할 수 있는 수준

♠ **시험 과목 :** N1~N2는 언어지식(문자 · 어휘 · 문법) · 독해, 청해의 2과목, N3~N5는 언어지식(문자 · 어휘), 언어지식(문법) · 독해, 청해의 3과목.

♠ **점수 :** 각 등급 모두 만점은 180점, 과락제도를 도입함으로 종합득점에서 합격선을 넘어도 과목별 최저점수를 충족해야 합격할 수 있게 되었다. 득점등화 방식도 新 JLPT 시험의 특징으로, 상대평가방식을 도입한 것이다.

2015년 8월
저자 오쿠무라 유지 · 임단비

▶ **일본어능력시험 공식 사이트 http://www.jlpt.or.kr/main/main2.asp**

1개월에 단어장 한 권으로
일본어능력시험 공부 땡!

1. 명사 · い형용사 · な형용사 · 동사 · 부사 · 접속사 · 의문사 · 조사 · 외래어
순으로 품사별로 엄선하여 정리하였다. 예문을 통해 품사별 활용과 접
속에 주의하면서 학습한다.

2. 단어 하나에 여러 의미가 있을 경우 그 의미를 나누어 예문 삽입
자신이 모르는 단어라면 차근차근 학습해나가고, 만일 알고 있는 단
어라면 두 번째 의미를 알고 있는지, 예문에 모르는 단어나 관용어,
문법이 포함되어 있는지 꼼꼼하게 학습한다.

3. 시험에 나오는 인사말 및 N3,4,5급 문법 총정리
인사말로 시작하여 지금까지 나온 품사별 단어들을 정리한 후, 시험
에 실질적으로 많이 출제되는 문법을 총정리한다.

4. 가족 · 조수사 · 활용표 정리
가족간의 호칭을 확인하고, 특이하게 읽히는 조수사를 체크하면서 일
본어능력시험 N3,4,5급 공부를 마무리 한다.

이 책의 구성

파트 표시

품사명

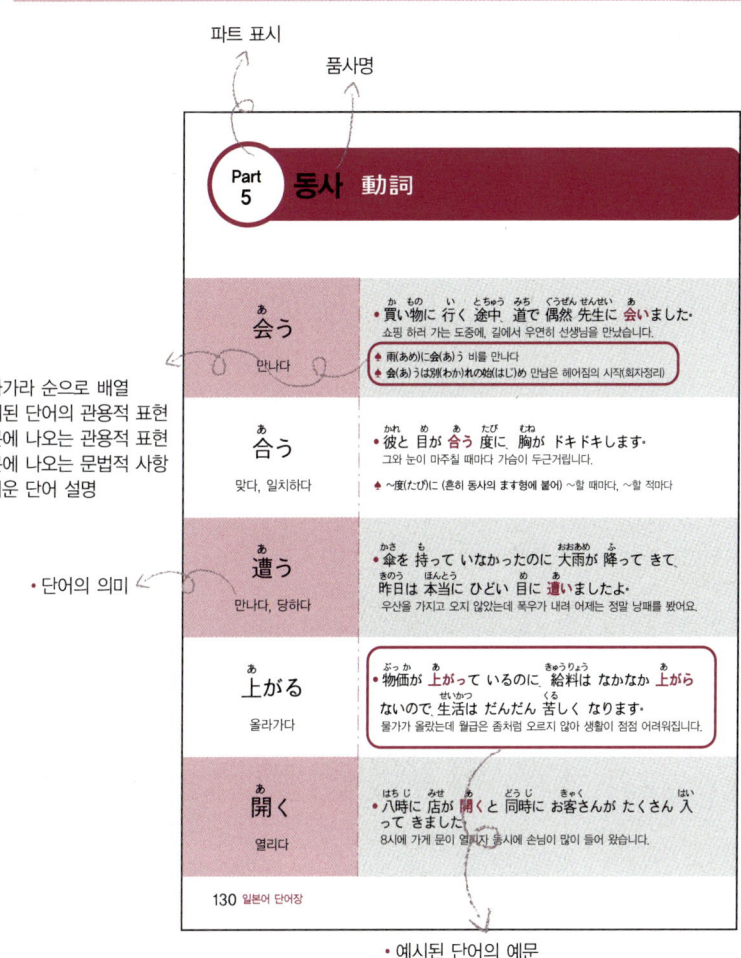

• 하라가라 순으로 배열
• 예시된 단어의 관용적 표현
• 예문에 나오는 관용적 표현
• 예문에 나오는 문법적 사항
• 어려운 단어 설명

• 단어의 의미

Part 5 동사 動詞

会う
만나다

か もの い とちゅう みち ぐうぜん せんせい あ
• 買い物に 行く 途中 道で 偶然 先生に 会いました·
쇼핑 하러 가는 도중에, 길에서 우연히 선생님을 만났습니다.

♠ 雨(あめ)に会(あ)う 비를 만나다
♠ 会(あ)うは別(わか)れの始(はじ)め 만남은 헤어짐의 시작(회자정리)

合う
맞다, 일치하다

かれ め あ あ たび むね
• 彼と 目が 合う 度に 胸が ドキドキします·
그와 눈이 마주칠 때마다 가슴이 두근거립니다.

♠ ~度(たび)に (흔히 동사의 ます형에 붙어) ~할 때마다, ~할 적마다

遭う
만나다, 당하다

かさ も おおあめ ふ
• 傘を 持って いなかったのに 大雨が 降って きて,
きのう ほんとう め あ
昨日は 本当に ひどい 目に 遭いましたよ·
우산을 가지고 오지 않았는데 폭우가 내려 어제는 정말 낭패를 봤어요.

上がる
올라가다

ぶっか あ きゅうりょう あ
• 物価が 上がって いるのに, 給料は なかなか 上がら
せいかつ く
ないので, 生活は だんだん 苦しく なります·
물가가 올랐는데 월급은 좀처럼 오르지 않아 생활이 점점 어려워집니다.

開く
열리다

はちじ みせ あ どうじ きゃく はい
• 八時に 店が 開くと 同時に お客さんが たくさん 入
って きました·
8시에 가게 문이 열리자 동시에 손님이 많이 들어 왔습니다.

130 일본어 단어장

• 예시된 단어의 예문
• N3,4,5급 문제에 나오는 유형으로 예문제시

c o n t e n t s

Part 1

あいさつご

만났을 때, 헤어질 때, 안부를 물을 때, 축하할 때,
외출할 때, 귀가할 때, 식사 전후에 하는 기본적인 인사말들은
꼭 통째로 외워둡시다.

인사말 挨拶語

おはようございます 안녕하세요 (아침인사)

A 先生 おはようございます。
せんせい
선생님, 안녕하세요.

B おはよう、キムさん。
안녕, 김OO.

こんにちは 안녕하세요 (점심인사)

A こんにちは。お久しぶりです。
ひさ
안녕하세요. 오랜만이네요.

B ああ、佐藤さん。こんにちは。
さ とう
아, 사토 씨. 안녕하세요.

こんばんは 안녕하세요 (저녁인사)

A 皆さん、こんばんは。
みな
여러분, 안녕하세요.

B こんばんは。
안녕하세요.

さようなら 안녕히 가세요

A 先生 さようなら。
せんせい
선생님, 안녕히 가세요.

B はい、さようなら。
그래, 잘 가.

では、また　그럼, 또

A そろそろ 会社に 戻ります。
슬슬 회사에 돌아가겠습니다.

B ええ。では、また。
네, 그럼, 또.

どうも ありがとうございます　대단히 감사합니다

A お財布 落としましたよ。
지갑을 떨어트렸습니다.

B あ！どうも ありがとうございます。
아! 감사합니다.

頂きます　잘 먹겠습니다

A 今日は お父さんの 帰りが 遅いから、先に 食べなさい。
오늘은 아버지가 늦으시니까 먼저 먹어.

B はい。頂きます。
네, 잘 먹겠습니다.

行ってきます　다녀오겠습니다

A 早く 出かけないと、遅刻しますよ。
빨리 가지 않으면, 지각해.

B はい。行ってきます。
네, 다녀오겠습니다.

行って参ります　다녀오겠습니다 (行(い)ってきます 정중표현)

A では 田中君には、さっそく 営業に 出かけて もらおうか。
그럼 다나카 군은 즉시 영업을 나가주길 바라네.

B はい。行って 参ります。
네, 다녀오겠습니다.

いって(い)らっしゃい 다녀오세요

A いってらっしゃい。車に 気を つけてね。
잘 다녀와. 차 조심하고.

B はい。行って きます。
네. 다녀오겠습니다.

ただいま 다녀왔습니다

A ただいま。
다녀왔습니다.

B あら、おかえりなさい。今日は 早いのね。
어머, 어서 오세요. 오늘은 빠르시네요.

お帰りなさい 다녀오셨습니까

A ただいま。
다녀왔습니다.

B あ、お父さんだ。お帰りなさい！
아, 아빠다. 잘 다녀오셨습니까!

いらっしゃい(ませ) 어서 오세요

A いらっしゃいませ。ご注文を どうぞ。
어서 오세요. 주문하시겠어요.

B チーズバーガーを 二つ ください。
치즈버거 2개 주세요.

お陰様で 덕분에

A 最近、腰の 具合いは いかがですか。
요즘, 허리 상태는 어떠세요?

B ええ、おかげさまで 大分 良く なりました。
예, 덕분에요, 꽤 좋아졌습니다.

（では）お元気で (그럼) 건강하시길

A そろそろ 飛行機の 時間なので 失礼します。

슬슬 비행기 시간이라서 실례하겠습니다.

B ええ では お元気で。

예, 그럼 건강하세요.

お願いします 부탁드립니다

A お弁当 温めますか。

도시락, 데우시겠습니까?

B はい お願いします。

네, 부탁드립니다.

お大事に 몸조심 하세요

A ありがとうございました。

감사합니다.

B はい お大事に。

네, 몸조심 하세요.

お待たせしました 오래 기다리셨습니다

A おお 佐藤君 やっと 来たね。

오~ 사토 군, 겨우 왔군.

B お待たせしました。

오래 기다리셨습니다.

おめでとうございます 축하드립니다

A 先輩 お誕生日 おめでとうございます。

선배, 생일 축하드립니다.

B ありがとう。

고마워.

お休みなさい やす　안녕히 주무세요

A 早く 寝なさい。 はや ね
빨리 자라.

B はい、 お休みなさい。 やす
네, 안녕히 주무세요.

かしこまりました　알겠습니다 (分(わ)かりました의 정중표현)

A チキンピザと サラダの セットを お願いします。 ねが
치킨 피자랑 샐러드 세트 주세요.

B はい、 かしこまりました。
네, 알겠습니다.

ごちそうさま (でした)　잘 먹었습니다

A ごちそうさまでした。
잘 먹었습니다.

B はい。
그래.

こちらこそ　저야말로

A はじめまして。 どうぞ よろしく。
처음 뵙겠습니다. 잘 부탁드립니다.

B こちらこそ。 どうぞ よろしく お願い します。 ねが
저야말로. 잘 부탁드립니다.

御免下さい ご めんくだ　실례하겠습니다 (찾아올 때나 돌아갈 때의 인사말)

A 御免下さい いらっしゃいますか。 ご めんくだ
실례하겠습니다, 안에 계신가요?

B はい。 ちょっと 待って ください。 ま
네, 잠시만 기다려 주세요.

御免なさい 미안합니다
ごめん

A どうして こんなに 遅く なったの。
おそ
왜 이렇게 늦었니?

B 御免なさい。帰る 途中、友達に 会って…。
ごめん　　　　かえ　とちゅう　ともだち　あ
미안해. 돌아오는 길에, 친구랑 만나서….

失礼しました 실례했습니다
しつれい

A あれ？ サイダー じゃなくて コーラを 注文したんですけど。
ちゅうもん
어머? 사이다가 아니라 콜라를 주문했는데요.

B あ！失礼しました。すぐ コーラを お持ちします。
しつれい　　　　　　　　　　　　も
아! 실례했습니다. 바로 콜라를 가져오겠습니다.

失礼します 실례하겠습니다
しつれい

A では、これで 失礼します。
しつれい
그럼, 이만 실례하겠습니다.

B また ぜひ 遊びに 来て ください。
あそ　　き
꼭 다시 놀러 오세요.

すみません（でした） 미안합니다. 죄송합니다

A しょうがないな。今回の ことは 大目に 見るが、次は 同じ 失敗
こんかい　　　　　　おおめ　み　　　　つぎ　おな　しっぱい
は 繰り返さない ように！
く　かえ
어쩔 수 없군. 이번 일은 너그럽게 봐주겠지만, 다음엔 같은 실패를 반복하지 않도록!

B はい。本当に すみませんでした。 네. 정말 죄송합니다.
ほんとう

それはいけませんね 그거 안됐군요

A さいきん、仕事が 忙しくて、ずっと 寝不足なんです。
しごと　いそが　　　　　　ねぶそく
요즘, 일이 바빠서 계속 수면부족(상태)에요.

B それは いけませんね。なるべく 休みは 取らないと。健康が 第一ですか
やす　　と　　　　　けんこう　だいいち
らね。 그거 안됐군요. 되도록 휴가를 내시는 게 좋겠네요. 건강이 제일이니까요.

（いいえ） どういたしまして (아니요) 천만에요

A 本当に ありがとうございます。おかげで 助かりました。
정말 감사드립니다. 덕분에 살았습니다.

B いいえ、 どういたしまして。
아니요, 천만에요.

初めまして 처음 뵙겠습니다

• **初めまして。** 高橋 佐織と 申します。よろしく お願いします。
처음 뵙겠습니다. 다카하시 사오리라고 합니다. 잘 부탁드립니다.

よく、 いらっしゃいました 잘 오셨습니다

A 会社の 休暇でしてね。元々 釣りが 趣味な ものですから…。
회사 휴가라서요. 원래 낚시가 취미기도 하고요….

B それは それは **よく、 いらっしゃいました。**
참으로 잘 오셨습니다.

（どうぞ） よろしく 부디 잘 부탁드립니다

• 初めまして。営業部の 竹本です。**どうぞ よろしく。**
처음 뵙겠습니다. 영업부의 다케모토입니다. 잘 부탁드립니다.

久しぶり 오래간만

A よっ！ **久しぶり。**
야! 오랜만이다.

B あ、先輩。**お久しぶりです。**
아, 선배. 오랜만이네요.

Part 2

명사 名詞

めいし

사람이나 사물의 이름을 나타냅니다.
1자 한자, 2자 한자, 3자 한자로 분류해서 정리해 놓았으므로
한자 읽기에 신경 써서 학습하시길 바랍니다.

훈독음독 1자한자

間
あいだ

사이, 간격

• リーさんと パクさんの 間に いる 人が 中村さん です。
이00 씨와 박00 씨의 사이에 있는 사람이 나카무라 씨입니다.

青
あお

파랑

• 信号が 青の 時、道を 渡って ください。
신호가 파란색일 때, 길을 건너세요.

赤
あか

빨강

• あの 絵は 赤と 白しか 使って いません。
저 그림은 빨강과 흰색밖에 사용하지 않습니다.

♠しか는 부정문에 사용

秋
あき

가을

• 秋は なぜか 感傷的に なります。
가을은 왠지 감상적이 됩니다.

朝
あさ

아침

• 昨日は、朝から 晩まで 勉強しました。
어제는 아침부터 밤까지 공부했습니다.

足
あし

다리

• 家に 帰ったら まず 手と 足を 洗い なさい。
집에 돌아가면 먼저 손과 발을 씻어 주세요.

あじ **味** 맛	● この 卵焼きは 甘い 味が しますね。 이 달걀말이는 단 맛이 나네요. ♠ 味(あじ)も素(そ)っ気(け)もない 무미건조하다, 멋없다 ♠ 味(あじ)を占(し)める 맛들이다
あたま **頭** 머리	● 父は 私が 泣いていると いつも 大きな 手で 頭を 撫でて くれました。 아버지는 내가 울고 있으면 언제나 커다란 손으로 머리를 쓰다듬어 주셨습니다.
あと・のち **後** 뒤, 다음, 후	● 食事を した 後は いつも コーヒーを 飲みに 行きます。 식사를 한 후 언제나 커피를 마시러 갑니다.
あめ **雨** 비	● 今日は 午前中 ずっと 雨が 降り続いて いました。 오늘은 오전 중에 쭉 비가 계속 내렸습니다.
あめ **飴** 사탕	● 飲食店の カウンターには 食事を 済ませた お客さんの ために 飴が 置いて あります。 음식점 카운터에는 식사를 마친 손님을 위해 사탕이 마련되어 있습 니다.
いえ **家** 집	● 私の 家は あまり 大きく ありません。 나의 집은 그다지 크지 않습니다. ♠ ～く ありません ～하지 않습니다 い형용사의 어미 い→く로 바꾸고 접속
いけ **池** 연못	● 池の 中には たくさんの 鯉が 泳いで います。 연못 안에는 많은 잉어가 헤엄치고 있습니다. ♠ ～て います ～하여져 있습니다. ～하고 있습니다 동사의 て형에 접속

いし 石 돌	きょう いし ころ • 今日、石に つまずいて 転んで しまいました。 오늘 돌에 걸려 넘어져 버렸습니다. ♠ つまずく 발이 걸려 넘어질 뻔하다 ♠ 転(ころ)ぶ 구르다, 쓰러지다, 넘어지다
いと 糸 실	とし と はり いと とお むずか • 年を 取ると、針に 糸を 通す ことも 難しく なります。 나이를 먹으면 바늘에 실을 끼우는 것도 어려워집니다.
いぬ 犬 개	むかし いぬ ねこ てんてき かんけい い • 昔から 犬と 猫は 天敵の 関係だと 言われて い ます。 옛날부터 개와 고양이는 천적 관계라고 말들 합니다.
いま 今 지금	いま うかが • 今、お伺いしても よろしいですか。 지금 찾아뵈어도 괜찮습니까? ♠ 伺(うかが)う '방문하다' 의 겸사말
いろ 色 색	わたし あか いろ す • 私は 明るい 色が 好きです。 나는 밝은 색을 좋아합니다. ♠ 「好(す)き 좋아함」, 「嫌(きら)い 싫어함」, 「上手(じょうず) 잘함」, 「下手(へた) 못함」 앞에는 조사 が가 옴
いわ 岩 바위	おお いわ な くず • スーパーマンは 大きな 岩を 投げて 崩れる ダム むら ひと すく から 村の 人を 救いました。 슈퍼맨은 큰 바위를 굴려 무너지는 댐으로부터 마을 사람을 구했습 니다.
うえ 上 위	あに わたし みっ うえ • 兄は 私より 三つ 上です。 형은 나보다 3살 위입니다.

嘘
うそ
거짓말

- ピノキオは 嘘を つくと 鼻が 伸びて しまいます。
  피노키오는 거짓말을 하면 코가 늘어나 버립니다.

♠ 嘘(うそ)をつく 거짓말을 하다
♠ (のび)る 자라다, 늘다

歌
うた
노래

- 私は 歌を 歌うのが 大好きです。
  나는 노래를 부르는 것을 아주 좋아합니다.

♠ 歌(うた)を歌(うた)う 노래를 부르다

家
うち・いえ
집

- 私の 家に いつでも 遊びに 来て ください。
  우리 집에 언제라도 놀러 오세요.

♠ ～てください ～해 주세요, ～하세요
♠ ～ないでください ～하지 말아주세요, ～하지 마세요

内
うち
가운데, 중

- この 三つの 内、 どれが いいですか。
  이 세 개 중 어느 것이 좋습니까?

腕
うで
팔

- 日本で 女の子 同士が 腕を 組んで 歩いたら、 レズ だと 思われます。
  일본에서는 여자끼리 팔짱을 끼고 걸으면 레즈비언으로 여깁니다.

海
うみ
바다

- ここから ３０分ほど 行けば、 海が 見えます。
  여기서부터 30분 정도 가면 바다가 보입니다.

裏
うら
뒤, 뒷면

- 中学の 時、 不良学生は 学校の 建物の 裏で タバ コを 吸いました。
  중학교 때, 불량학생은 학교 건물 뒤에서 담배를 피웠습니다.

絵
え

그림

- 未だに ピカソの 絵は 理解 できません。
  - いま　　　　　　　　え　　りかい

  아직까지도 피카소 그림은 이해가 안 됩니다.

  ♠ 未(いま)だに 아직껏, 지금까지도

駅
えき

역

- ここから 一番 近い 駅は どこですか。
  - いちばん ちか　えき

  여기에서 가장 가까운 역은 어디입니까?

枝
えだ

가지

- 小さい 鳥が 枝に 止って います。
  - ちい　　とり　えだ　とま

  작은 새가 가지에 앉아 있습니다.

  ♠ 止(と)まる 멈추다, 서다, (새 등이) 앉다
  ♠ ～ている ～하고 있다

音
おと

소리

- ドアの 外で ベルの 音が しました。
  - そと　　　　おと

  문 밖에서 벨 소리가 났습니다.

男
おとこ

남자

- この かばんは 男 向きの デザインです。
  - おとこ む

  이 가방은 남성용 디자인입니다.

  ♠ ～向(む)きだ ～에 적합하다, ～적격이다
  명사에 붙어 적성, 성향 등을 나타냄

表
おもて

표면, 겉면

- 1 万円札の 表は 福沢諭吉の 肖像画です。
  - いちまんえんさつ　おもて　ふくざわゆきち　しょうぞうが

  만 엔짜리 지폐의 앞면은 후쿠자와 유키치 초상화입니다.

  ♠ 表(おもて) 앞, 겉 ↔ 裏(うら) 뒤, 뒷면

親
おや

부모

- 子供が 自立して 親の もとを 離れていくのは
  - こども　じりつ　おや　　　　　はな
  成長の 証です。
  - せいちょう あかし

  아이가 자립해서 부모의 곁을 떠나가는 것은 성장의 증거입니다.

おんな

女

여자

• 女は 男より 平均寿命が 長いです。

여자는 남자보다 평균수명이 깁니다.

かお

顔

얼굴

• 人の 顔には 色んな 表情が あります。

사람의 얼굴에는 여러 가지 표정이 있습니다.

かがみ

鏡

거울

• 今朝 鏡を 見て、皺だらけの 顔に びっくりしました。

오늘 아침 거울을 보고 주름투성이인 얼굴에 놀랐습니다.

♠ ～だらけ ～투성이 명사에 붙음

♠ びっくりする 깜짝 놀라다

かぎ

鍵

열쇠

• 急いで いる 時は、鍵穴に 鍵が なかなか 入らない ものです。

서두르고 있을 때는 열쇠 구멍에 열쇠가 좀처럼 들어가지 않는 법입니다.

かさ

傘

우산

• 雨が 降るかも 知れないので、傘を 持って 行った 方が いいですよ。

비가 내릴지도 모르므로, 우산을 들고 가는 편이 좋아요.

かぜ

風

바람

• 窓を 開けたら 涼しい 風が 入って きました。

창문을 열었더니 선선한 바람이 불어왔습니다.

かた

方

분

• どの 方が あなたの ご親戚ですか。

어느 분이 당신의 친척입니까?

形 かたち
모양

- かつらを 使えば、髪の 形を 簡単に 変える ことが できます。
  가발을 쓰면 머리 모양을 간단하게 바꿀 수 있습니다.

角 かど
모퉁이

- このまま ずっと 真っ直ぐ 行って、角を 右に 曲がると 駅が 見えます。
  이대로 쭉 걸어가서 모퉁이를 오른쪽으로 돌면 역이 보입니다.

鐘 かね
종

- シンデレラは 真夜中の 十二時の 教会の 鐘が なると、家に 帰らなければ なりません。
  신데렐라는 심야 12시 교회의 종이 울리면 집에 돌아가야만 합니다.

壁 かべ
벽

- 壁に 大きな 絵を 飾りましょう。
  벽에 큰 그림을 장식합니다.

♠ 大(おお)きい 크다
♠ 飾(かざ)る 장식하다, 꾸미다

紙 かみ
종이

- 子供は ハサミで 紙を 切ったり、折ったりして 楽しく 遊んで います。
  아이는 가위로 종이를 자르거나 접거나 하며 즐겁게 놀고 있습니다.

髪 かみ
머리카락

- 最近、父は 髪の 毛が 薄く なりました。
  요즘 아버지는 머리숱이 적어졌습니다.

体 からだ
몸

- 私は 胎児の ように 体を 丸めて 寝ます。
  나는 태아처럼 몸을 둥글게 하고 잡니다.

♠ 丸(まる)める 둥글게 하다
♠ 寝(ね)る 자다

彼（かれ）

그

- **彼**（かれ）は まだ 来（き）て いません。
  그는 아직 오지 않았습니다.

川（かわ）

강

- 昔（むかし）, 私（わたし）の 家（いえ）の 前（まえ）には **川**（かわ）が 流（なが）れて いました。
  옛날 우리 집 앞에는 강이 흐르고 있었습니다.

♠ 流（なが）れる 흐르다, 흘러내리다

木（き）

나무

- この **木**（き）は 私（わたし）が 生（う）まれた 時（とき）に, 父（ちち）が 植（う）えて くれた ものです。
  이 나무는 내가 태어날 때 아버지가 심어 주신 것입니다.

気（き）

기운, 분위기

- 雨（あめ）の 日（ひ）は **気**（き）が 沈（しず）みます。
  비가 오는 날에는 기분이 가라앉습니다.

♠ 気（き）が 沈（しず）む 마음이 우울해지다

北（きた）

북쪽

- **北**（きた）の 方（ほう）から, 紅葉前線（もみじぜんせん）が 徐々（じょじょ）に 南下（なんか）してきます。
  북쪽에서부터 단풍전선이 서서히 남하해 왔습니다.

絹（きぬ）

비단

- 福袋（ふくぶくろ）は **絹**（きぬ）で 作（つく）られて います。
  복주머니는 비단으로 만들어져 있습니다.

♠ 예문에서의 조사 で는 방법, 도구, 재료를 나타냄

君（きみ）

너, 자네

- **君**（きみ）が 言（い）ってる ことは さっぱり 分（わ）からない。
  네가 하는 말은 전혀 모르겠다.

♠ さっぱり 뒤에 부정어가 따라, '도무지, 전혀, 통'의 의미를 나타냄

客 きゃく 손님	• この 店は 人通りが 多い わりに、お客さんが 少ないです。 みせ ひとどお おお きゃく すく 이 가게는 사람 왕래가 많은 것치고 손님이 적습니다.
草 くさ 풀	• 先生に 校庭の 草を 抜く 体罰を させられました。 せんせい こうてい くさ ぬ たいばつ 선생님께서 교정의 풀을 뽑는 체벌을 가했습니다. ♠ させられる 시킴을 당하다, 「させる ~하게 하다」의 사역수동
薬 くすり 약	• 昨日は 熱が あったから 薬を 飲んで 寝ました。 きのう ねつ くすり の ね 어제는 열이 있어서 약을 먹고 잤습니다.
口 くち 입, 입맛	• 男の子が 口を 大きく 開けて 欠伸を して います。 おとこ こ くち おお あ あくび 남자애가 입을 크게 벌리고 하품을 하고 있습니다. • お口に 合いますか。 くち あ 입에 맞으세요?
靴 くつ 구두	• 履きやすくて 楽な 靴が 欲しいです。 は らく くつ ほ 신기 쉽고 편한 구두가 갖고 싶습니다.
国 くに 국가, 나라	• 大統領は 国の 代表です。 たいとうりょう くに だいひょう 대통령은 국가의 대표입니다.
首 くび 목	• 最近 首に 皺が 出来た ような 気が します。 さいきん くび しわ でき き 요즘 목에 주름이 생기는 듯한 느낌이 듭니다. • リストラで 会社を 首に なりました。 かいしゃ くび 정리해고로 회사에서 잘렸습니다.

くも
雲
구름

- 今日は 雲 ひとつ ない、本当に いい 天気です。
  오늘은 구름 한 점 없는 정말 좋은 날씨입니다.

くもり
曇
흐림

- 明日の 予報は 晴れ 時々 曇です。
  내일의 일기예보는 맑음 때때로 흐림입니다.

くるま
車
자동차

- 車の 運転に その 人の 性格が 現れます。
  자동차 운전을 보면 그 사람의 성격이 나타납니다.

くろ
黒
검정

- うちの 犬は 黒と 白の ブチです。
  우리 강아지는 검정과 흰색의 얼룩 강아지입니다.

け
毛
털

- 夏は 髪の 毛が 長いと 暑苦しく 見えます。
  여름에는 머리카락이 길면 몹시 더워 뵙니다.

けん
県
현

- 日本の 県は 韓国の 道に 当ります。
  일본의 현은 한국의 도에 해당합니다.
- 日本には 43の 県が あります。
  일본에는 43개의 현이 있습니다.

こ
子
아이

- この 子は とても 優しい 子です。
  이 아이는 매우 상냥한 아이입니다.

声 こえ 목소리	わたし よ こえ ふ かえ かれ た • 私を 呼ぶ **声**が したので、振り返ると 彼が 立って いました。 나를 부르는 소리가 나서 뒤를 돌아보자, 그가 서 있었습니다.
心 こころ 마음	ひと いちばん たいせつ やさ こころ • 人に とって 一番 大切なのは 優しい **心**です。 사람에게 있어 제일 중요한 것은 고운 마음입니다.
塵 ごみ 쓰레기, 먼지	ばこ す はは • **ゴミ**は ちゃんと ゴミ箱に 捨てる ようにと、母に い 言われて きました。 쓰레기는 분명하게 쓰레기에 버리라고, 어머니에게 들어왔습니다.
米 こめ 쌀	あさお さいしょ こめ • 朝起きたら まず 最初に お**米**を とぎます。 아침에 일어나면 제일 먼저 쌀을 씻습니다.
坂 さか 비탈길	がっこう たか じてんしゃ • うちの 学校は 高い ところに あるので、自転車で さか のぼ ほんとう **坂**を 登るのは 本当に つらいです。 우리 학교는 높은 곳에 있어서 자전거로 비탈길을 오르는 것이 매우 힘이 듭니다.
魚 さかな 생선	さかな た あたま い •「**魚**を 食べると 頭が よく なる」と 言われて います。 '생선을 먹으면 머리가 좋아진다' 고 합니다.
先 さき 먼저	さき しつれい いた • お**先**に 失礼 致します。 먼저 실례하겠습니다.

字
글씨

- 綺麗な **字** を 書くには、正しい 姿勢で 鉛筆を 正しく 持つ ことが 大切です。
  예쁜 글씨를 쓰는 데는 바른 자세로 연필을 바르게 쥐는 것이 중요합니다.

塩
소금

- あなたは トマトを 食べる とき、**塩** を かけて 食べますか、それとも 砂糖を かけて 食べますか。
  당신은 토마토를 먹을 때 소금을 뿌려서 먹습니까? 그렇지 않으면 설탕을 뿌려 먹습니까?

下
아래, 밑

- 猫は 机の **下** で 寝て います。
  고양이는 책상 밑에서 자고 있습니다.

島
섬

- 日本は **島** 国です。
  일본은 섬나라입니다.

- ♠ 島国(しまぐに) 섬나라 「島(しま) 섬」이란 단어에 「国(くに) 나라」가 합쳐져서 뒤에 오는 くに가 ぐに로 바뀜

砂
모래

- 子供たちは **砂** で 城を 作りながら 遊んで います。
  아이들은 모래로 성을 쌓으면서 놀고 있습니다.

隅
구석

- 庭の **隅** に 小さな 花壇を 作りました。
  정원 구석에 작은 화단을 만들었습니다.

炭
숯

- 肉は **炭** で 焼いたら もっと おいしいです。
  고기는 숯으로 구우면 더욱 맛있습니다.

背
せ

キ

わたし せ たか ひと す
• 私は 背が 高い 人が 好きです。
나는 키가 큰 사람이 좋습니다.

席
せき

자리

しゃちょう かいぎしつ はい せき た
• 社長が 会議室に 入って くると、みんな 席から 立
あいさつ
って 挨拶しました。
사장님이 회의실에 들어오자, 모두 자리에서 일어나 인사를 했습니다.

線
せん

선

おんな こ じめん せん ひ あそ
• 女の子たちは、地面に 線を 引いて ケンケン 遊び
して います。
여자 애들은 땅에 선을 그어놓고 깨금박질 놀이를 하고 있습니다.

外
そと

밖

ひる ね めざ
• ちょっと 昼寝する つもりでしたが、目覚めて
そと ま くら
みたら 外は 真っ暗でした。
낮잠을 조금 잘 생각이었는데 눈을 떠보니 밖은 컴컴했습니다.

側
そば

곁, 옆

そば ゆうめい
• うちの 側には 有名な おそばやさんが あります。
우리 집 옆에는 유명한 메밀국수 집이 있습니다.

空
そら

하늘

おお あまおと まど あ くろ そら あめ ふ
• 大きな 雨音に 窓を 開けると、黒い 空から 雨が 降
って きました。
요란한 빗소리에 창문을 열어보니, 검은 하늘에서 비가 내렸습니다.

畳
たたみ

다다미

たたみ し へや なつ すず ふゆ あたた
• 畳が 敷かれて いる 部屋は、夏は 涼しく、冬は 暖
とくちょう
かい という 特徴が あります。
다다미가 깔려있는 방은 여름에는 시원하고 겨울에는 따뜻하다고
하는 특징이 있습니다.

たて
縦
종

- 全身が 入る ように, カメラを 縦に して 撮りました。
  전신이 들어가도록 카메라를 세워서 찍었습니다.

たな
棚
선반

- 思いがけない 幸運を「棚から 牡丹餅」と 言います。
  생각지도 않은 행운을 '선반에서 굴러 떨어진 경단(굴러들어온 호박)'이라고 합니다.

たまご
卵
계란

- 茹でた 卵を 電子レンジで 加熱すると 爆発します。
  삶은 계란을 전자레인지에 가열하면 폭발합니다.

♠ 茹(ゆ)でる 데치다, 삶다   ♠ 電子(でんし)レンジ 전자레인지
♠ 爆発(ばくはつ)する 폭발하다

ため
為
이익이나 득이 되는 일

- あなたの ためなら 何でも します。
  당신을 위해서라면 뭐든지 하겠습니다.

ち
血
피

- 血は 争えないと 言いますが, 父も 私も ゲームが 大好きです。
  피는 속일 수 없다고 말하는데, 아버지도 나도 게임을 아주 좋아합니다.

ちから
力
힘

- 不合格の 通知を 見て, 全身から 力が 抜けました。
  불합격 통지를 보고 전신에서 힘이 빠졌습니다.

♠ 不合格(ふごうかく) 불합격 ↔ 合格(ごうかく) 합격

つき
月
달

- 月では うさぎが もちを ついて います。
  달에는 토끼가 떡을 찧고 있습니다.

月 つき 달, 월	やました さんは **月**に 一回 映画を 見ます。 야마시타 씨는 월에 한 번 영화를 봅니다.
次 つぎ 다음	私は **次**の 駅で 降ります。 나는 다음 역에서 내립니다. ♠ 降(お)りる (탈것 등에서) 내리다 ↔ 乗(の)る 타다
机 つくえ 책상	**机**の 上には 辞書や ハサミなどが 散らばって います。 책상 위에는 사전이랑 가위 등이 흩어져 있습니다. ♠ ~や ~など ~랑(이나) ~등(따위) 열거를 나타낼 때 사용 ♠ 散(ち)らばる 흩어지다
妻 つま 아내, 처	僕の **妻**は 外国人です。 내 부인은 외국인입니다.
爪 つめ 손톱, 발톱	**爪**切りで **爪**を 切ります。 손톱깎이로 손톱을 깎습니다. 最近 **爪**を のばす 女性が 増えて います。 요즘 손톱을 기르고 있는 여성이 늘고 있습니다.
手 て 손	わからない 人は **手**を あげて 質問して ください。 모르는 사람은 손을 들고 질문해 주세요.
寺 てら 절	この 近くに 有名な お**寺**が ありますか。 이 근처에는 유명한 절이 있습니까?

てん **点** 점, 점수	すうがく　ひゃく てん まんてん　はちじゅってん と**数学は 100点 満点で 80点 取りました。** 수학은 100점 만점에 80점 받았습니다.	② 명 사
と **戸** 문	せんせい　きょうしつ　と　あ　みんなしず **先生が 教室の 戸を 開けると 皆 静かに なりました。** 선생님이 교실의 문을 열자, 모두 조용해졌습니다.	
ところ **所** 곳	せ かい　いろ　ところ　ともだち **ホンさんは 世界の 色んな 所に 友達が います。** 홍00 씨는 세계의 여러 곳에 친구가 있습니다.	
とし **年** 나이	さいきん とし　ものわす　はげ **最近、年の せいか 物忘れが 激しく なりました。** 요즘 나이 탓인지 건망증이 심해졌습니다. ♠ せい 탓, 이유, 원인	
となり **隣** 옆, 이웃	わたし　す　かべ　うす　となり **私が 住んでる アパートは 壁が 薄くて 隣の へ や　おと　も 部屋の 音が 漏れて きます。** 내가 살고 있는 아파트는 벽이 얇아서 옆 방 소리가 새어나옵니다.	
とり **鳥** 새	とり　な　ごえ けんきゅう **パクさんは 鳥の 鳴き 声を 研究して います。** 박00 씨는 새 우는 소리를 연구하고 있습니다.	
なつ **夏** 여름	きょねん　なつ　あつ　たいへん **去年の 夏は とても 暑くて 大変でした。** 작년 여름은 매우 더워서 힘들었습니다.	

にく **肉** 고기	• 酢豚の 肉を 柔らかく するのには パイナップルが いいです。 탕수육 고기를 부드럽게 하기 위해서는 파인애플이 좋습니다.
にし **西** 서쪽	• 夕方、西の 空は きれいな 夕焼けでした。 해질녘 서쪽하늘은 예쁜 석양으로 물들었습니다.
にわ **庭** 정원	• 春に なると、庭に 桜の 花が きれいに 咲きます。 봄이 되면 정원에 벚꽃이 예쁘게 핍니다.
ねこ **猫** 고양이	• 岸田さんは 猫を 飼って います。 기시다 씨는 고양이를 기르고 있습니다. ♠ 飼(か)う (동물을) 기르다, 치다, 사육하다
ねつ **熱** 열	• 熱は ありませんが、寒気が して 会社に 行きませんでした。 열은 없지만 한기가 들어 회사에 가지 않았습니다.
のど **喉** 목	• 喉が 痛くて 病院に 行って みたら、扁桃腺が 腫れて いました。 목이 아파서 병원에 가보니 편도선이 부어 있었습니다.
ひがし **東** 동	• 東から 朝日が 昇り始めます。 동쪽에서부터 해가 떠오르기 시작했습니다. ♠ 昇(のぼ)り始(はじ)める 뜨기 시작하다, 昇(のぼ)る (해, 달이) 뜨다, +〜始める 〜하기 시작하다 동사의 ます형에 붙음

ひかり

光

빛

- 昔の 人は 雪明かりや、蛍の 光で 本を 読みました。
  옛날 사람은 눈의 빛이나, 반딧불로 책을 읽었습니다.

は

歯

이

- 私は 一日 三回 歯を 磨きます。
  나는 하루에 세 번 이를 닦습니다.

♠ 歯(は)が立(た)たない 당해낼 수 없다
♠ 歯(は)を食(く)いしばる 이를 악물다

は

葉

잎

- 秋に なると、木の葉が 紅葉して きれいです。
  가을이 되면 나뭇잎이 물들어 예뻐집니다.

♠ ～になる ～이(가) 되다

はこ

箱

상자

- 帰国する 前に、荷物を 箱に 入れて 送りました。
  귀국하기 전에 짐을 상자에 넣어서 보냈습니다.

はし

橋

다리

- この 橋は 長年に 渡って 数多くの 車が 渡って いきました。
  이 다리는 오랜 세월에 걸쳐 많은 차가 건너 다녔습니다.

はし

箸

젓가락

- 箸を 使う 民族は 世界の 約 ３０％です。
  젓가락을 사용하는 민족은 세계의 약 30%입니다.

はな

鼻

코

- 風邪を ひいて、鼻が ぐずぐずします。
  감기에 걸려서 코를 킁킁거립니다.

♠ 風邪(かぜ)をひく 감기에 걸리다 風(かぜ)는 바람이므로 한자에 유의
♠ ぐずぐずする (코가 막혀서) 킁킁거리다

はな **花** 꽃	• 机の 上に 美しい 花が 飾って あります。 つくえ うえ うつく はな かざ 책상 위에 아름다운 꽃이 장식되어 있습니다.
はなし **話** 이야기	• 他人の 話を よく 聞く ことは 大事な ことです。 た にん はなし き だいじ 타인의 이야기를 잘 듣는 것은 중요한 일입니다. ♠ 大事(だいじ) 소중함, 중요함
はやし **林** 숲	• 林の 中の 小道を 入ると, 涼しくて とても 気持ち はやし なか こみち はい すず きも 良い ものです。 よ 숲 안의 오솔길에 들어서면 시원하고 매우 기분이 좋습니다.
はる **春** 봄	• 春に なると なぜか 眠く なります。 はる ねむ 봄이 되면 왠지 졸립습니다. ♠ 眠(ねむ)い 졸리다, 졸음이 오다 ♠ 〜くなる 〜해지다 い형용사의 어미 い→く로 바꾸고 접속
ばん **晩** 저녁	• 今日は 朝から 晩まで トラブル 続きでした。 きょう あさ ばん つづ 오늘은 아침부터 밤까지 트러블의 연속이었습니다.
ひ **火** 불	• 住宅の 一階から 火が 出ました。 じゅうたく いっかい ひ で 주택의 1층에서부터 불이 났습니다.
ひ **日** 날	• あっという 間に 日が 過ぎて いきます。 ま ひ す 눈 깜짝 할 사이에 날이 지나가고 있습니다. ♠ あっという間(ま) 순식간, 눈 깜짝할 사이

髭 ひげ
수염

• 仲居さんは 毎朝 髭を 剃ります。
나카이 씨는 매일 수염을 깎습니다.

♠ 髭(ひげ)を 剃(そ)る 수염을 깎다

左 ひだり
좌, 왼쪽

• 私は 左利きです。
나는 왼손잡이입니다.

♠ 左利(ひだり き)き 왼손잡이 ↔ 右利(みぎき)き 오른손잡이

昼 ひる
낮

• 夏には 昼が 長く、夜が 短く なります。
여름에는 낮이 길고 밤이 짧아집니다.

服 ふく
옷

• 新しい 服を 着ると、とても 気持ちが よく なります。
새 옷을 입으면 매우 기분이 좋아집니다.

船 ふね
배

• 鈴木さんは 船酔いが 怖くて 船に 乗れません。
스즈키 씨는 뱃멀미가 무서워서 배를 탈 수 없습니다.

♠ 船酔(ふなよ)い 뱃멀미 ♠ 車酔(くるまよ)い 차멀미

冬 ふゆ
겨울

• 冬は コタツで みかんを 食べるのが 一番です。
겨울에는 고타츠에서 귤을 먹는 것이 제일입니다.

♠ コタツ 일본의 실내 난방 장치의 하나로, 테이블 모양으로 위에는 이불
이 덮여 있고, 테이블 밑으로는 다리를 넣을 수 있게 되어 있음

辺 へん
근처

• この 辺に 花屋は ありませんか。
이 근처에 꽃집이 있습니까?

方 ほう 쪽, 편	• みなさん、私の **方** を 見て ください。 여러분, 내 쪽을 봐주세요.
外 ほか 그 밖	• **外** の 人は まだ 来てませんか。 그 밖의 사람은 아직 오지 않았습니까? ♠ まだ 아직(도), 여태까지
僕 ぼく 나	• **僕** は 立派な 人間に なりたいです。 나는 멋진 사람이 되고 싶습니다. ♠ 立派(りっぱ) 훌륭함, 아주 뛰어남
星 ほし 별	• 田舎では、夜 **星** が よく 見えます。 시골에는 밤에 별이 잘 보입니다.
本 ほん 책	• 友達から 借りた **本** は まだ 半分しか 読んで いません。 친구한테 빌린 책은 아직 반절밖에 읽지 못했습니다.
前 まえ 앞	• 明日 午前 九時に 駅の **前** で 会いましょう。 내일 오전 9시에 역 앞에서 만납시다.
町 まち 마을	• クリスマスが 近付いて きて、**町** は クリスマスの イルミネーションで 華やかに 輝いて います。 크리스마스가 다가와서 마을은 크리스마스 장식으로 화려하게 빛나고 있습니다.

窓
まど
창문

- 窓を 開けて 寝た せいか、ちょっと 喉が 痛いです。
  창문을 열고 자서인지 목이 조금 아픕니다.

右
みぎ
우, 오른쪽

- 郵便局は この 道を 真っ直ぐ 行って、右に 曲がったら あります。
  우체국은 이 길을 똑바로 가서 오른쪽으로 돌면 있습니다.

水
みず
물

- ウイスキーを 水で 割って 飲む 習慣は、日本だけだ そうです。
  위스키를 물로 희석시켜 마시는 습관은 일본뿐이라고 합니다.

店
みせ
가게

- あの 店は 朝の 九時に 開いて、夜の 七時に 閉ります。
  저 가게는 아침 9시에 열어서 저녁 7시에 닫습니다.

道
みち
길

- 道に 迷って、約束の 時間に 遅れて しまいました。
  길을 헤매서 약속 시간에 늦어 버렸습니다.
  ♠ 道(みち)に迷(まよ)う 길을 헤매다

緑
みどり
초록

- 緑の 色は 見て いると 疲れが とれるので、目に 優しいと 言われます。
  초록색은 보고 있으면 피곤이 사라지기 때문에 눈에 좋다고 알려져 있습니다.

港
みなと
항구

- 港から 船が 消えて いきます。
  항구에서 배가 사라지고 있습니다.
  ♠ 消(き)える 사라지다, 없어지다

みなみ **南** 남	● 慎一さんの 部屋は 南向きの 暖かい 部屋です。 신이치 씨의 방은 남향의 따뜻한 방입니다.
みみ **耳** 귀	● 耳に 蝿が 入った ときは、懐中電灯などで 光を 当てると 出ます。 귀에 파리가 들어갔을 때는 손전등 등으로 빛을 비추면 나옵니다.
みんな **皆** 모두	● この ゲームは 子供から 大人まで 家族 みんなで 楽しめます。 이 게임은 어린이부터 어른까지 가족 모두가 즐길 수 있습니다.
むかし **昔** 옛날	● 昔々、ある 所に おじいさんと おばあさんが 住ん でいました。 옛날 옛날 어느 곳에 할아버지와 할머니가 살고 있었습니다.
むし **虫** 벌레	● 私は 虫は 好きだけど、ごきぶりだけは 大嫌い です。 나는 벌레는 좋아합니다만, 바퀴벌레만은 아주 싫습니다.
むら **村** 마을	● この 施設は、この 村に 住んで いる 人なら 誰でも 使えます。 이 시설은 이 마을에 살고 있는 사람이라면 누구라도 사용할 수 있습니다.
め **目** 눈	● 彼女は いつも 眠そうな 目を して います。 그녀는 항상 졸린 듯한 눈을 하고 있습니다.

物 もの
물건

• 物を 大切に 使って ください。
물건을 소중하게 사용해 주세요.

森 もり
숲

• 森には 色んな 動物が います。
숲에는 여러 가지 동물이 있습니다.

♠ いる 있다 사람이나 동물, 움직이는 것의 존재를 나타냄
♠ ある 있다 무생물과 식물, 움직이지 않는 것의 존재를 나타냄

門 もん
문

• お母さんが 帰って きたのか 門を 開ける 音が しました。
엄마가 돌아온 것일까, 문을 여는 소리가 났습니다.

山 やま
산

• 冬の 山は 危険ですが、 とても きれいです。
겨울산은 위험하지만 매우 예쁩니다.

♠ 危険(きけん) 위험 ↔ 安全(あんぜん) 안전
♠ とても 매우, 대단히

湯 ゆ
끓인 물

• あなたは 熱い 湯と 温い 湯とでは、 どちらが 好きですか。
당신은 뜨거운 물과 미지근한 물중에서 어느 것을 좋아합니까?

雪 ゆき
눈

• 今年は 例年に なく 雪が 少なかったです。
올해는 예년에 없이 눈이 적었습니다.

指 ゆび
손가락

• 結婚指輪は 左手の 薬指に はめるのが 普通です。
결혼반지는 왼손의 약지에 끼는 것이 보통입니다.

♠ はめる (반지, 장갑 등을) 끼다, 끼우다

夢 ゆめ 꿈	• 私の **夢**は 世界一周する ことです。 <small>わたし ゆめ せ かいいっしゅう</small> 내 꿈은 세계 일주를 하는 것입니다.
用 よう 용건	• 何か **用**が ありますか。 <small>なに よう</small> 무슨 용건이 있습니까?
横 よこ 옆	• ほとんどの 蟹は **横**に 歩きます。 <small>かに よこ ある</small> 대부분의 게는 옆으로 걸어갑니다. ♠ ほとんど 대부분 ♠ 歩(ある)く 걷다, 걸어가다
夜 よる 밤	• **夜**遅く 食べると 太りますよ。 <small>よるおそ た ふと</small> 밤늦게 먹으면 살쪄요.
例 れい 예	• **例**を あげて 説明して ください。 <small>れい せつめい</small> 예를 들어 설명해 주세요. ♠ 例(れい)をあげる 예를 들다 ♠ 説明(せつめい)する 설명하다
私 わたくし 저	• **私**は 五月に 仕事の 関係で 東京に 行きます。 <small>わたくし ごがつ しごと かんけい とうきょう い</small> 저는 5월 일 관계로 도쿄에 갑니다.
私 わたし 나	• **私**が 描いた 絵を 見せて あげましょうか。 <small>わたし か え み</small> 내가 그린 그림을 보여 줄까요?

훈독 음독 2자 한자

あい さつ
挨拶(する)

인사(하다)

- **まいあさ きもちよ あいさつ**
  毎朝、気持良く **挨拶** を しましょう。
  매일 아침, 기분 좋게 인사를 합시다.
- ♠ 毎(まい) ~ 마다, 그때마다   毎回(まいかい) 매회

あんしん
安心(する)

안심(하다)

- そろそろ 親を **安心**させて あげたいです。
  슬슬 부모님을 안심 시키고 싶습니다.
- ♠ そろそろ 슬슬(어떤 일이 일어나는 시기에 접어든 모양)
- ♠ 安心(あんしん)させる 안심시키다, させる ~하게 하다 **사역의 뜻**

あんぜん
安全

안전

- **みち あんぜん おも**
  この 道なら **安全**だと 思います。
  이 길이라면 안전하다고 생각합니다.

あんない
案内(する)

안내(하다)

- **わたし あんない いた**
  私が ご**案内** 致します。
  제가 안내해 드리겠습니다.
- ♠ ご+한자어   ご家族(かぞく) 가족, ご両親(りょうしん) 양친
- ♠ お+순수 일본어   お名前(なまえ) 이름, お仕事(しごと) 일

い か
以下

이하

- それ **以下**でも それ 以上でも ありません。
  그 이하도 그 이상도 아닙니다.

い がい
以外

이외, 그 밖

- **にく いがい なん た**
  お肉 **以外**なら 何でも 食べられます。
  고기 이외라면 뭐든 먹을 수 있습니다.
- ♠ 食(た)べられる 먹을 수 있다 「食(た)べる 먹다」의 가능

医学 いがく 의학	• 西洋の **医学**が 駄目でも、東洋の **医学**が あります。 せいよう いがく だめ とうよう いがく 서양의 의학이 안 돼도 동양의 의학이 있습니다.
意見 いけん 의견	• 他に **意見**は ありませんか。 ほか いけん 다른 의견은 없습니까?
医者 いしゃ 의사	• 誰か 良い お**医者**さんを 紹介して ください。 だれ よ いしゃ しょうかい 누가 좋은 의사를 소개시켜 주세요. ♠ 紹介(しょうかい)する 소개하다
以上 いじょう 이상	• これ **以上** 我慢が できません。 いじょう がまん 이 이상은 참을 수가 없습니다. ♠ 我慢(がまん) 참음, 견딤, 인내 ♠ できない 할 수 없다 「出(で)きる 할 수 있다. 가능하다」의 부정
椅子 いす 의자	• こちらの **椅子**の 方が 座りやすいです。 いす ほう すわ 이쪽 의자 쪽이 앉기 편합니다. ♠ ～やすい ～하기 쉽다 동사의 ます형에 접속
一々 いちいち 하나하나, 일일이	• 彼女は いつも **一々** 聞いて きます。 かのじょ いちいち き 그녀는 언제나 일일이 물어 옵니다.
一度 いちど 한 번, 한 차례	• 日本留学は、私の 人生の 中で たった **一度**の にほんりゅうがく わたし じんせい なか いちど 冒険です。 ぼうけん 일본유학은 내 인생에서 단 한 번의 모험입니다.

いちにち
一日

하루, 종일

- 私は 今日、一日中 寝て いました。
  _{わたし} _{きょう} _{いちにちじゅう} _ね

  나는 오늘 하루 종일 잤습니다.

♠ ~中(じゅう) 「一年中(いちねんじゅう) 1년 중」과 같이 일반적으로 시간을 나타내는 말에 접속 ♠ ~中(ちゅう) 「工事中(こうじちゅう) 공사 중」과 같이 일반적으로 계속을 나타내는 단어에 접속

いちばん
一番

제일, 가장

- あなたに とって 何が 一番 大切ですか。
  _{なに} _{いちばん} _{たいせつ}

  당신에게 있어 무엇이 가장 소중합니까?

いつ
何時

언제

- あの 人に 会ったのは 何時だったか 思い出せません。
  _{ひと} _あ _{いつ} _{おも だ}

  그 사람과 만났던 것이 언제였던지 기억나지 않습니다.

いっしょ
一緒

함께 함

- これからも 一緒に 頑張りましょう。
  _{いっしょ} _{がんば}

  앞으로도 함께 노력합시다.

♠ これから 지금부터, 앞으로
♠ 頑張(がんば)る 끝까지 노력하다

いっぱい
一杯

한 잔

- 朝起きたら まず 水を 一杯 飲みます。
  _{あさ お} _{みず} _{いっぱい} _の

  아침에 일어나면 먼저 물을 한 잔 마십니다.

♠ ~たら ~하면, ~하였더니 활용어의 た형에 접속

いっぱん
一般

일반

- ここからは 一般の 人は 見学が できません。
  _{いっぱん} _{ひと} _{けんがく}

  여기서부터는 일반 사람은 견학할 수 없습니다.

い ない
以内

이내

- この 書類を 三日 以内に 仕上げなければ なりません。
  _{しょるい} _{みっか} _{いない} _{し あ}

  이 서류를 3일 이내에 마무리 짓지 않으면 안 됩니다.

田舎 いなか 시골	• 久しぶりに 田舎へ 帰って きました。 오랜만에 시골에 갔다 왔습니다. ♠ ひさしぶり 오래간만 ♣ 帰(かえ)る 돌아오다, 돌아가다
意味 いみ 의미	• 同じ 漢字でも 国に よって 意味が 異なります。 같은 한자라도 나라에 따라 의미가 다릅니다. ♠ ~によって ~에 따라 ♠ 異(こと)なる 같지 않다, 다르다
入口 いりぐち 입구	• この 裏手に 入口が あります。 이 뒤편에 입구가 있습니다.
受付 うけつけ 접수, 접수처	• 朝 十時から 受付が 始まります。 아침 10시부터 접수가 시작됩니다.
上着 うわぎ 상의, 윗도리	• 夜に なると 寒く なるので 上着を 持って 行きましょう。 저녁이 되면 추워지기 때문에 윗도리를 가지고 나갑시다.
運転(する) うんてん 운전(하다)	• リーさんは あまり 運転が 上手では ありません。 이○○ 씨는 그다지 운전이 능숙하지 않습니다. ♠ 上手(じょうず) 잘함, 능함 ↔ 下手(へた) 서투름
運動(する) うんどう 운동(하다)	• これからは 毎日 運動を する つもりです。 이제부터는 매일 운동을 할 생각입니다. ♠ ~つもりだ ~할 생각이다 동사의 사전형에 접속하여 의지를 나타냄

えい が
映画

영화

- 月に 一回は **映画**を 見に 行きたいです。
  _{つき} _{いっかい} _{えいが} _み _い
  월에 한번은 영화를 보러 가고 싶습니다.

♠ ~たい ~하고 싶다 **동사의 ます형에 접속하여 희망을 나타냄**

えい ご
英語

영어

- 私は **英語**より 数学の 方が 得意です。
  _{わたし} _{えいご} _{すうがく} _{ほう} _{とくい}
  나는 영어보다 수학 쪽이 자신 있습니다.

♠ ~より~ほうが ~보다 ~쪽이 **비교를 나타냄**
♠ 得意(とくい) 득의, 자신 있음, 숙달되어 있음

えんぴつ
鉛筆

연필

- 最近は **鉛筆**を 使う 人を あまり 見かけなく なりました。
  _{さいきん} _{えんぴつ} _{つか} _{ひと} _み
  요즘에는 연필을 사용하는 사람을 별로 볼 수 없게 됐습니다.

えんりょ
遠慮(する)

사양(하다)

- あまり **遠慮** しないで ください。
  _{えんりょ}
  그다지 사양하지 말아 주세요.

♠ ~ないでください ~하지 말아 주세요 **동사의 ない형에 접속**

おおぜい
大勢

많은 사람

- 私は **大勢**の 人の 前で 話すのが 苦手です。
  _{わたし} _{おおぜい} _{ひと} _{まえ} _{はな} _{にがて}
  나는 많은 사람들 앞에서 말하는 것이 서투릅니다.

♠ 苦手(にがて) 서투름, 잘 하지 못함

おくじょう
屋上

옥상

- 天気が 良い 日は **屋上**で 洗濯物を 干します。
  _{てんき} _よ _ひ _{おくじょう} _{せんたくもの} _ほ
  날씨가 좋은 날은 옥상에서 세탁물을 말립니다.

♠ 干(ほ)す 말리다

おとな
大人

어른

- 早く **大人**に なりたいです。
  _{はや} _{おとな}
  빨리 어른이 되고 싶습니다.

おもちゃ **玩具** 장난감	• **玩具** 売り場は どこですか。 장난감 매장은 어디입니까? ♠ 売(う)リ場(ば) 파는 곳, 매장　♣ 切符売(きっぷう)リ場(ば) 매표소
おんがく **音楽** 음악	• 歌が 好きなので **音楽**の 授業が 楽しみです。 노래를 좋아해서 음악 수업이 기대가 됩니다.
かいがん **海岸** 해안	• 夏に なると **海岸**で 花火を する 人が たくさん います。 여름이 되면 해안에서 불꽃놀이를 하는 사람이 많이 있습니다.
かいぎ **会議** 회의	• 月曜日は 毎週 **会議**が あります。 월요일은 매주 회의가 있습니다.
がいこく **外国** 외국	• **外国**で 暮した ことは ありますか。 외국에서 생활한 적은 있습니까?
かいしゃ **会社** 회사	• **会社**まで 行くのに 毎朝 二時間も かかります。 회사까지 가는데 매일 아침 2시간 걸립니다. ♠ かかる 걸리다, 소요하다
かいじょう **会場** 회장, 모이는 장소	• あらかじめ **会場**が どこかを 確認した 方が いいと 思います。 미리 모이는 장소가 어디인지를 확인하는 편이 좋습니다.

かいだん **階段** 계단	• 長い **階段**の 上に 神社が あります。 긴 계단 위에 신사가 있습니다.
かいもの **買物**(する) 쇼핑(하다)	• たまには 思いっきり **買物**が したいです。 가끔은 마음껏 쇼핑을 하고 싶습니다. ♠たまに 이따금, 간혹(일이 드물게 일어나는 모양) ♠思(おも)いっきり 마음껏, 실컷 ♠~っきり ~한 채, 끼리 ♠(ふたり)っきり 단 둘이
かいわ **会話** 회화	• 日本語は 文章は 読めても **会話**が 苦手です。 일본어는 문장은 읽을 수 있어도 회화를 잘 못합니다. ♠読(よ)める 읽을 수 있다 「読(よ)む 읽다」의 가능
かがく **科学** 과학	• **科学**には 小さな 発見、大きな 感動が あります。 과학에는 작은 발견, 큰 감동이 있습니다.
がくせい **学生** 학생	• 今日は やけに **学生**が 多く ありませんか。 오늘은 몹시 학생이 많지 않습니까? ♠やけに 몹시, 무척 정도가 심한 모양 ♠~くありません ~하지 않습니다 い형용사의 어미 い→く로 바꾸고 접속
がくぶ **学部** 학부	• 違う **学部**の 人と 知り合いに なりたいです。 다른 학부의 사람과 알고 지내고 싶습니다. ♠知(し)り合(あ)い 서로 앎, 아는 사이
かじ **火事** 화재	• 引っ越して すぐに **火事**に なりました。 이사하고 바로 화재가 났습니다.

風邪 (かぜ)
감기

- 今回の 風邪は 長引きそうです。
  이번 감기는 길어질 것 같습니다.
- ♠ 長引(ながび)く 오래 걸리다, 지연되다
- ♠ ～そうだ ～할 것 같다 い형용사·な형용사 또는 조동사의 어간, 동사의 ます형에 접속하여 추측을 나타냄

家族 (か ぞく)
가족

- 今は まだ 家族と 一緒に 住んで います。
  지금은 아직 가족과 함께 살고 있습니다.

課長 (か ちょう)
과장

- 私の 部署の 課長は とても 頼りに なります。
  우리 부서 과장님은 매우 의지가 됩니다.

格好 (かっこう)
모양, 모습

- その 格好では 外を 歩けません。
  그 모습으로는 밖을 걸어 다닐 수 없습니다.

学校 (がっこう)
학교

- 日本では 四月から 学校が 始まります。
  일본에서는 4월부터 학교가 시작됩니다.
- ♠ から ～부터(시간을 나타냄), ～로부터(장소를 나타냄), ～하기 때문에 (이유를 나타냄)

家庭 (か てい)
가정

- 「家庭で できる 本格料理」という 本を 買いました。
  '가정에서 가능한 본격요리' 라고 하는 책을 샀습니다.

家内 (か ない)
아내

- この頃 うちの 家内が なぜか 楽しそうです。
  요즘 우리 아내가 왠지 즐거워 보입니다.
- ♠ この頃(ごろ) 요즈음, 최근, 근래
- ♠ 楽(たの)しい 즐겁다

金持
かねもち

부자

- 早く お金持に なりたいです。
  빨리 부자가 되고 싶습니다.

彼女
かのじょ

그녀

- いつに なったら 彼女に 声を かけられるの でしょうか。
  언제쯤이면 그녀에게 말을 걸 수 있을까요?

花瓶
かびん

꽃병

- 少し 上質な 花瓶は いかがですか。
  조금 질이 좋은 꽃병은 어떠세요?

♠ 上質(じょうしつ) 상질, 질이 좋음
♠ いかがですか 어떠십니까? 「どうですか 어때요?」 보다 약간 공손한 말

関係
かんけい

관계

- 私たちは そういう 関係では ありません。
  우리들은 그런 관계는 아닙니다.

漢字
かんじ

한자

- 漢字は 難しくて なかなか 頭に 入りません。
  한자는 어려워서 좀처럼 머릿속에 들어오지 않습니다.

♠ 難(むずか)しい 알기 어렵다, 이해하기 어렵다
♠ 頭(あたま)に 入(はい)る 머리에 들어오다

機会
きかい

기회

- 日本語を 勉強しても なかなか 日本人に 会って 話す 機会が ありません。
  일본어를 공부해도 좀처럼 일본인과 만나서 이야기할 기회가 없습니다.

機械
きかい

기계

- この 機械の 説明書は ついて いましたか。
  이 기계의 설명서는 붙어 있습니까?

♠ 付(つ)く 붙다, 달라붙다

危険 きけん 위험	• そこに 上がると 危険です。 거기에 오르면 위험합니다.
給料 きゅうりょう 급료, 월급	• 給料の 高い 会社が 人気が あります。 월급이 높은 회사가 인기가 있습니다.
汽車 きしゃ 기차	• しゅっしゅっぽっぽとは 汽車の 汽笛の 音です。 칙칙폭폭은 기차 기적 소리입니다.
技術 ぎじゅつ 기술	• 技術が 発達して、何でも できる ように なりました。 기술이 발달해서 뭐든 할 수 있게 되었습니다.
季節 きせつ 계절	• 季節に よって 咲く 花が 違います。 계절에 따라 피는 꽃이 다릅니다. ♠ 違(ちが)う 다르다, 상이하다
規則 きそく 규칙	• 学校の 規則は 必ず 守りましょう。 학교 규칙은 꼭 지킵시다. ♠ 必(かなら)ず 반드시, 꼭, 틀림없이 ♠ ～ましょう ～합시다 동사의 ます형에 붙어 권유를 나타냄
切手 きって 우표	• 郵便局で なくても 切手は 購入 できます。 우체국이 아니라도 우표는 구입 가능합니다.

切符 きっ ぷ 표	• 電車に 乗る 前に 切符を 買いましょう。 전철에 타기 전에 표를 삽시다. ♠切符(きっぷ)を買(か)う 표를 사다
昨日 きのう 어제	• お酒を 飲みすぎて 昨日の ことが 思い出せません。 과음해서 어제 일을 기억할 수가 없습니다. ♠飲(の)みすぎる 너무 마시다 ♠~すぎる 너무 ~하다, 지나치게 ~하다 동사의 ます형에 접속
気分 き ぶん 기분	• 朝から 気分が 悪く なる ような 言い方は やめて ください。 아침부터 기분이 나빠지는 듯한 말투는 그만 두세요.
着物 き もの 기모노, 일본 옷	• 昨日は ももちゃんの 成人式で 着物を 着て 喜んで いました。 어제는 모모의 성년식으로 기모노를 입고 좋아했습니다.
急行 きゅう こう 급행	• 少し 値段は 高いですが 急行バスで 行く ことに しました。 조금 가격은 비싸지만 급행 버스로 가기로 했습니다.
牛肉 ぎゅうにく 소고기	• 私は 豚肉 よりも 牛肉の 方が 好きです。 나는 돼지고기보다도 소고기 쪽이 좋습니다.
牛乳 ぎゅうにゅう 우유	• 毎日 牛乳を 飲むと 体に 良い そうです。 매일 우유를 마시면 몸에 좋다고 합니다. ♠~そうだ ~라고 한다 활용형의 종지형에 접속하여 전문을 나타냄

今日 きょう 오늘	• **今日**から 夏休みが 始まります。 きょう　　なつやす　　　はじ 오늘 여름방학이 시작됩니다. ♠ 始(はじ)まる 시작되다, 始(はじ)める 시작하다
教育 きょういく 교육	• 海外で **教育**を 受けて みたいです。 かいがい　　きょういく　　う 해외에서 교육을 받고 싶습니다.
教会 きょうかい 교회	• だんだん **教会**に 通うのが 楽しく なって きました。 きょうかい　かよ　　　たの 점점 교회에 다니는 것이 즐거워졌습니다. ♠ 通(かよ)う 다니다, 왕래하다 ♠ ～てくる ～해지다, ～해 오다 동사의 て형 접속
教室 きょうしつ 교실	• この **教室**は 日当たりが 良いです。 きょうしつ　　ひ あ　　　　よ 이 교실은 볕이 잘 듭니다. ♠ 日当(ひあ)たり 볕이 듦, 또는 그 정도나 장소
競争 きょうそう 경쟁	• ライバルの 二人は いつも **競争**して います。 ふたり　　　　　　きょうそう 라이벌인 두 사람은 언제나 경쟁하고 있습니다.
兄弟 きょうだい 형제	• 男ばかりの **兄弟**なので いつも 騒々しいです。 おとこ　　　　きょうだい　　　　　　そうぞう 남자 형제들뿐이라 언제나 떠들썩합니다. ♠ ～ばかり ～만, ～뿐 범위를 한정하는 뜻을 나타냄 ♠ 騒々(そうぞう)しい 시끄럽다, 떠들썩하다
興味 きょうみ 흥미	• 彼は 美術関係に **興味**が あります。 かれ　　びじゅつかんけい　きょうみ 그는 미술관계에 흥미가 있습니다.

きょねん **去年** 작년	• **去年**は 大変 多くの 映画を 観ました。 작년에는 대단히 많은 영화를 봤습니다.
ぎんこう **銀行** 은행	• 日本の **銀行**の 営業時間は 九時から 三時まで です。 일본 은행 영업시간은 9시부터 3시까지입니다.
きんじょ **近所** 근처	• 時々、**近所**の おばさんが お裾分けを 持って 来て くれます。 때때로 근처의 아줌마가 얻은 물건을 나눠 줍니다. ♠ お裾分(すそわ)け 얻은 물건이나 이익을 다시 남에게 나눠 줌
ぐ あい **具合** 상태	• 最近、父の **具合**が 悪いです。 요즘 아버지 몸 상태가 좋지 않습니다.
くうき **空気** 공기	• たまには きれいな **空気**が 吸いたいです。 가끔씩은 깨끗한 공기가 마시고 싶습니다. ♠ 吸(す)う (기체나 액체를) 들이마시다, 빨다
くうこう **空港** 공항	• 明日、**空港**まで 迎えに 行きます。 내일 공항까지 마중을 가겠습니다. ♠ 向(む)かえに行(い)く 마중하러 가다
くだもの **果物** 과일	• お菓子 よりも **果物**が 喜ばれます。 과자보다 과일이 환영받습니다. ♠ 喜(よろこ)ばれる 환영받다, 「喜(よろこ)ぶ 기뻐하다, 즐거워하다」의 수동

靴下
くつした

양말

- ぼろぼろに なった 靴下は 早く 捨てて ください。
  너덜너덜해진 양말은 빨리 버려 주세요.
- ♠ぼろぼろ 너덜너덜(물건이나 옷 등이 형편없이 낡고 해진 모양)
- ♠捨(す)てる 버리다, 내다버리다

計画
けいかく

계획

- そろそろ 計画を 立てませんか。
  슬슬 계획을 세우지 않겠습니까?
- ♠計画(けいかく)を立(た)てる 계획을 세우다

警官
けいかん

경찰관

- 道を 歩いて いたら、いきなり 警官に 呼び止められました。
  길을 걷고 있으니 갑자기 경찰관이 불러 세웠습니다.

経験(する)
けいけん

경험(하다)

- 若い うちに 色々な 経験を して おきましょう。
  젊을 때 여러 가지 경험을 해 둡시다.
- ♠~うちに ~동안 뚜렷하게 구분 짓기 어려운 기간의 범위
- ♠~ておく ~해 놓다, ~해 두다 동사의 て형에 접속

経済
けいざい

경제

- その 日に 一番 話題と なった 経済 ニュースを 集めました。
  그 날에 가장 화제가 된 경제 뉴스를 모았습니다.

警察
けいさつ

경찰

- 財布を 拾ったら 警察に 届けましょう。
  지갑을 주우면 경찰에 가져다줍시다.
- ♠拾(ひろ)う 줍다, 습득하다
- ♠届(とど)ける 보내다, 전하다

怪我
けが

상처

- 怪我を しない ように 遊んで ください。
  상처를 입지 않게 (조심해서) 노세요.
- ♠~ないように ~하지 않도록

今朝 けさ 오늘 아침	● **今朝** 面白い 記事を 読みました。 けさ　おもしろ　きじ　よ 오늘 아침 재미있는 기사를 봤습니다. ♠ 面白(おもしろ)い 재미있다, 즐겁다 ♠ 読(よ)む 읽다
景色 け しき 경치	● ここは 景色が とても きれいです。 け しき 여기는 경치가 아주 좋습니다. ♠ とても 매우, 대단히 ♠ きれい 예쁨, 아름다움
下宿 げ しゅく 하숙	● 学校で 下宿を 紹介して もらえます。 がっこう　げしゅく　しょうかい 학교에서 하숙을 소개 받았습니다. ♠ 일본의 하숙은 한국과 달리 남의 집에 머무는 것은 같지만 식사는 제공 하지 않음
結局 けっきょく 결국	● 三時間も 待って いましたが、結局、彼は 来ませ さんじかん　ま　けっきょく　かれ　き んでした。 3시간이나 기다려 봤습니다만, 결국 그는 오지 않았습니다.
結婚(する) けっこん 결혼(하다)	● 結婚して いますか。 けっこん 결혼하셨습니까?
原因 げんいん 원인	● 先月 起きた 火事の 原因は 未だに わかりません。 せんげつ　お　かじ　げんいん　いま 지난달에 발생한 화재의 원인은 아직까지 모릅니다.
喧嘩(する) けん か 싸움(하다)	● 喧嘩は あまり したく ない ものです。 けん か 싸움은 별로 하기 싫은 일입니다.

玄関 げんかん 현관	• **玄関**先に 植木鉢が たくさん あります。 현관 앞에 화분이 많이 있습니다. ♠ 植木鉢(うえきばち) 화분
研究 けんきゅう 연구	• あなたは 何の **研究**を して いますか。 당신은 무슨 연구를 하고 있습니까?
見物(する) けんぶつ 구경(하다)	• **見物**して いないで どうぞ 参加して ください。 구경만 하고 있지 말고, 어서 참가해 주세요. ♠ 参加(さんか)する 참가하다
公園 こうえん 공원	• 天気が 良かったら **公園**へ 散歩に 行きましょう。 날씨가 좋으면 공원에 산책하러 갑시다.
郊外 こうがい 교외	• **郊外**に 住んで いるので、通勤に 時間が かかります。 교외에 살고 있어서 통근하는 데 시간이 걸립니다.
講義 こうぎ 강의	• 先生は 体調不良で **講義**を 休まれました。 선생님은 몸 상태가 좋지 않아서 강의를 쉬셨습니다. ♠ 体調不良(たいちょうふりょう) 몸의 상태가 좋지 않음 ♠ 休(やす)まれる 쉬시다, 「休(やす)む 쉬다, 휴식하다」의 존경
工業 こうぎょう 공업	• 日本の **工業**生産品は 世界で 人気が あります。 일본의 공업생산품은 세계에서 인기가 있습니다. ♠ 人気(にんき)がある 인기가 있다

高校
こうこう

고등학교

- **高校**(こうこう)を出(で)てすぐに **働**(はたら)きたいという人もいます。
  고등학교를 졸업하고 바로 일하고 싶어하는 사람도 있습니다.

- ♠ 高校(こうこう)を出(で)る 고등학교를 나오다
- ♠ 働(はたら)く 일하다

工場
こうじょう

공장

- **学生時代**(がくせいじだい) **工場**(こうじょう)でアルバイトをしていました。
  학생시절 공장에서 아르바이트를 했습니다.

- ♠ アルバイトをする 아르바이트를 하다

紅茶
こうちゃ

홍차

- たまにはコーヒーよりも **紅茶**(こうちゃ)が **飲**(の)みたくなります。
  가끔씩은 커피보다는 홍차가 마시고 싶습니다.

校長
こうちょう

교장

- うちの **学校**(がっこう)の **校長**(こうちょう)はとてもフレンドリーです。
  우리 학교 교장선생님은 매우 친절합니다.

- ♠ フレンドリー(friendly) 호의적인 모양, 친하게 지내기 쉬운 모양

交通
こうつう

교통

- **交通**(こうつう)の **便**(べん)が **良**(よ)い **場所**(ばしょ)に **住**(す)んでいます。
  교통편이 좋은 장소에 살고 있습니다.

講堂
こうどう

강당

- **雨**(あめ)の **時**(とき)は **講堂**(こうどう)で **朝礼**(ちょうれい)があります。
  비가 올 때는 강당에서 조회를 합니다.

交番
こうばん

파출소

- **家**(いえ)の **近**(ちか)くに **交番**(こうばん)があると **何**(なに)かと **安心**(あんしん)です。
  집 근처에 파출소가 있으면 왠지 안심입니다.

国際
こく さい

국제

- **国際**的な 活躍を したいです。
こくさいてき かつやく
국제적인 활약을 하고 싶습니다.

故障(する)
こ しょう

고장(나다)

- テレビが **故障**した ようです。
こしょう
텔레비전이 고장 난 것 같습니다.

ここ

여기

- **ここ**に 来て ください。
き
여기로 오세요.

午後
ご ご

오후

- **午後**は 雨が 降る でしょう。
ご ご あめ ふ
오후에는 비가 내릴 것입니다.

午前
ご ぜん

오전

- **午前**中は ゆっくり 寝ます。
ごぜんちゅう ね
오전 중에는 푹 잡니다.
- ♠ゆっくり 충분히, 여유 있게

言葉
こと ば

말

- 世界には 多くの **言葉**が 存在します。
せ かい おお こと ば そんざい
세계에는 많은 말이 존재합니다.
- ♠存在(そんざい)する 존재하다

子供
こ ども

어린이

- **子供**に お酒を 飲ませては いけません。
こども さけ の
어린이에게 술을 마시게 해서는 안 됩니다.
- ♠お酒(さけ)を飲(の)む 술을 마시다 ♠飲(の)ませる 마시게 하다 「飲(の)む 마시다」의 사역 ♠～てはいけない ～해서는 안 된다 동사의 て형에 붙어 금지표현을 나타냄

小鳥 _{こ とり} 작은 새	• 庭で 小鳥の 声が します。 _{にわ　こ とり　こえ} 정원에는 작은 새 우는 소리가 들립니다.
今度 _{こん ど} 이번, 다음 번	• 今度こそ 受かります ように。 _{こん ど　う} 이번에야 말로 붙기를. ♠ ～こそ ～야 말로　강조의 뜻을 나타냄 ♠ 受(う)かる (시험에) 합격하다
今晩 _{こん ばん} 오늘 밤	• 今晩は 星が きれいだ そうです。 _{こんばん　ほし} 오늘 밤 별이 예쁘다고 합니다.
今夜 _{こん や} 오늘 밤	• 今夜、会えませんか。 _{こんや　あ} 오늘 밤 만나지 않겠습니까?
最近 _{さいきん} 최근	• 最近、仕事の ほうは どうですか。 _{さいきん　し ごと} 요즘 일은 어떠세요?
最後 _{さい ご} 최후, 마지막	• これで 最後です。 _{さい ご} 이것으로 마지막입니다.
最初 _{さいしょ} 최초	• その 言葉を 最初に 言って 欲しかったです。 _{ことば　さいしょ　い　ほ} 그 말을 처음부터 듣기를 바랐습니다. ♠ ～欲(ほ)しい 갖고 싶다, 탐나다　희망을 나타냄

財布 さい ふ 지갑	• **財布**を 忘れました。 지갑을 잊어 버렸습니다. ♠忘(わす)れる 잊다
作文 さくぶん 작문	• **作文**を 書く 練習は 楽しいです。 작문 쓰는 연습은 즐겁습니다.
雑誌 ざっ し 잡지	• いつも 読んで いる **雑誌**が ありません。 항상 읽고 있는 잡지가 없습니다.
砂糖 さ とう 설탕	• 私は コーヒーに **砂糖**を たくさん いれる 方です。 나는 커피에 설탕을 많이 넣는 편입니다.
産業 さんぎょう 산업	• **産業**とは 生産に 従事する 事業の ことです。 산업은 생산에 종사하는 사업을 말합니다.
散歩 さん ぽ 산책	• 夕方には 犬と **散歩**に 出ます。 해질녘에는 개와 산책을 나갑니다.
試合 し あい 시합	• 今日の **試合**は 絶対に 負けられません。 오늘 시합은 결코 질 수 없습니다. ♠絶対(ぜったい) (뒤에 부정이 따라) 결코, 도저히 ♠負(ま)けられない 질 수 없다 「負(ま)ける 지다, 패배하다」의 가능부정

仕方 (しかた)
(하는) 방법

- 勉強の **仕方** が よく わかりません。
  공부하는 방법을 잘 모르겠습니다.

時間 (じかん)
시간

- 忙しくて 食事を する **時間**も ありません。
  바빠서 식사할 시간도 없습니다.

♠ 忙(いそが)しい 바쁘다

試験 (しけん)
시험

- 来月 **試験**が あります。
  다음 달에 시험이 있습니다.

事故 (じこ)
사고

- 人が たくさん 集まって いますが、 何か **事故**で
  も あったの でしょうか。
  사람이 많이 모여 있는데, 무슨 사고라도 난 것일까요?

仕事 (しごと)
일

- 父は **仕事**に 出る 準備を して います。
  아버지는 일에 나갈 준비를 하고 있습니다.

♠ 準備(じゅんび)をする 준비를 하다

辞書 (じしょ)
사전

- 分からない 単語は **辞書**で 調べて ください。
  모르는 단어는 사전에서 찾아보세요

♠ 調(しら)べる 조사하다, 검토하다

地震 (じしん)
지진

- **地震**に 備えて 訓練を しましょう。
  지진에 대비하여 훈련을 합시다.

♠ 備(そな)える 대비하다
♠ 訓練(くんれん)をする 훈련을 하다

じだい **時代** 시대	• インターネットで 電話が できる 時代に なりました。 인터넷으로 전화가 가능한 시대가 되었습니다.
したぎ **下着** 속옷	• 旅行には 下着を 多めに 持って 行きましょう。 여행에는 속옷을 넉넉하게 가져갑시다. ♠多(おお)め (분량, 무게 등이) 조금 많은 정도, 많은 듯함 ↔ 少(すく)なめ 조금 적은 정도, 적은 듯함
したく **支度** 준비	• お母さんは ご飯の 支度で 忙し そうです。 어머니는 식사 준비로 바쁜 것 같습니다.
しっぱい **失敗** 실패	• 失敗は 成功の 基です。 실패는 성공의 근원입니다. ♠基(もと) 근본, 근원, 기초
しつもん **質問** 질문	• 他に 質問は ありませんか。 다른 질문은 없습니까?
しつれい **失礼** 실례	• ちょっと 失礼 します。 잠시 실례하겠습니다.
じてん **辞典** 사전	• ことわざ 辞典を 見る だけでも 勉強に なります。 속담사전을 보는 것만으로도 공부가 됩니다.

品物
しなもの

物건

②
명
사

• 新しい 品物は 入りましたか。
あたら しなもの はい

새로운 물건은 들어왔습니까?

🌱 入(はい)る 들다, 들어가다, 들어오다

字引
じびき

옥편

• 電子辞書が 出来て、最近 あまり 字引を 引きません。
でんしじしょ でき さいきん じびき ひ

전자사전이 생겨서 요즘 별로 옥편을 찾아보지 않습니다.

🌱 あまり 그리, 그다지, 별로 뒤에 부정이 따름
🌱 字引(じびき)を引(ひ)く 옥편을 찾다

自分
じぶん

자기

• 自分の ことは 自分で しましょう。
じぶん じぶん

자신의 일은 자신이 합시다.

市民
しみん

시민

• 市民の 力を 合わせて 野球場を 作りました。
しみん ちから あ やきゅうじょう つく

시민의 힘을 모아서 야구장을 만들었습니다.

🌱 力(ちから)を合(あ)わせる 힘을 모으다, 힘을 합하다

社会
しゃかい

사회

• いつか 社会に 出て 貢献したいです。
しゃかい で こうけん

언젠가 사회에 나가서 공헌하고 싶습니다.

🌱 貢献(こうけん)する 공헌하다, 기여하다

写真
しゃしん

사진

• 思い出を 写真に 残して いく つもりです。
おも で しゃしん のこ

추억을 사진으로 남겨 갈 생각입니다.

🌱 思(おも)い出(で) 추억
🌱 残(のこ)す 남기다, 남게 하다 🌱 ～ていく ～해 나가다, ～해 가다

社長
しゃちょう

사장

• 社長は いつも 忙しそうです。
しゃちょう いそが

사장님은 언제나 바쁘신 것 같습니다.

邪魔 (じゃ ま)

방해

- お邪魔致します。(じゃ ま いた)
  실례하겠습니다.

自由 (じ ゆう)

자유

- 心だけは 自由で いたいです。(こころ / じ ゆう)
  마음만은 자유롭게 있고 싶습니다.

習慣 (しゅう かん)

습관

- 一日 三回、歯磨きを 習慣に しましょう。(いちにち さんかい / は みが / しゅうかん)
  하루 세 번, 양치질을 습관화 합시다.

  ↑歯磨(はみが)きをする 양치질을 하다

住所 (じゅうしょ)

주소

- まず、名前と 住所を 教えて ください。(な まえ / じゅうしょ / おし)
  먼저 이름과 주소를 가르쳐 주세요.

柔道 (じゅう どう)

유도

- 初めて 柔道を 見た 時、私も やりたいと 思いました。(はじ / じゅうどう / み / とき わたし / おも)
  처음에 유도를 봤을 때 나도 해보고 싶다고 생각했습니다.

授業 (じゅ ぎょう)

수업

- 今日も 夜遅くまで 授業が あります。(きょう / よるおそ / じゅぎょう)
  오늘도 오후 늦게까지 수업이 있습니다.

宿題 (しゅく だい)

숙제

- 宿題は 家で する ものです。(しゅくだい / いえ)
  숙제는 집에서 하는 것입니다.

しゅっせき
出席（する）

출석(하다)

りょうりきょうしつ　まじめ　しゅっせき
● 料理教室に 真面目に 出席して います。
요리학원에 성실하게 출석하고 있습니다.

しゅっぱつ
出発（する）

출발(하다)

しゅっぱつ
● そろそろ 出発しましょう。
슬슬 출발합시다.

しゅ み
趣味

취미

めずら　しゅ み　も　ひと
● 珍しい 趣味を 持って いる 人が います。
희귀한 취미를 가지고 있는 사람이 있습니다

♠ 珍(めずら)しい 드물다, 희귀하다

じゅん び
準備（する）

준비(하다)

こんげつ　けっこん　じゅん び　はじ
● 今月から 結婚の 準備を 始めます。
이번 달부터 결혼 준비를 시작합니다.

しょうかい
紹介（する）

소개(하다)

こんど　かれ し　しょうかい
● 今度 彼氏を 紹介します。
다음에 남자친구를 소개하겠습니다.

♠ 今度(こんど) 다음, 차후

しょう がつ
正月

정월, 설

まいとし　しょう がつ　か ぞく　はつもうで　い
● 毎年 お正月に 家族で 初詣に 行きます。
매년 설에 가족 모두 참배하러 갑니다.

♠ 初詣(はつもうで) 새해 들어 처음으로 참배함

しょうせつ
小説

소설

げんじつ　お　しょうせつ
● 現実に 起こった ことが 小説に なって いました。
현실에 일어난 일이 소설이 되었습니다.

招待
しょうたい

초대

- 誰を 招待するか リストに して おきます。
  だれ　　しょうたい
  누구를 초대할지 리스트를 작성해 둡니다.
- ～ておく ～해 놓다, ~해 두다

承知
しょうち

(사정 등을) 알고 있음

- その 件に ついては、承知 致しました。
  けん　　　　　　しょうち　いた
  그 건에 대해서는 알고 있습니다.

丈夫
じょうぶ

튼튼함

- 今より もっと 丈夫な 体に なりたいです。
  いま　　　　　じょうぶ　からだ
  지금보다 더 튼튼한 몸이 되고 싶습니다.

醤油
しょうゆ

간장

- 料理に 醤油は 欠かせません。
  りょうり　しょうゆ　か
  요리에 간장은 빼놓을 수 없습니다.

将来
しょうらい

장래

- 娘の 将来が 心配です。
  むすめ　しょうらい　しんぱい
  딸의 장래가 걱정입니다.
- 心配(しんぱい) 근심, 걱정, 염려

食事(する)
しょくじ

식사(하다)

- いつも 一人で 食事を します。
  ひとり　　しょくじ
  항상 혼자서 식사를 합니다.

食堂
しょくどう

식당

- 学生食堂は 安くて おいしいです。
  がくせいしょくどう　やす
  학생식당은 싸고 맛있습니다.

女性
じょせい

여성

- あの 会社は、女性に とって 働きやすいです。
  かいしゃ　　　じょせい　　　　　　　　　はたら
  저 회사는 여성에게 있어서 일하기 편합니다.

人口
じんこう

인구

- あの 村は どんどん 人口が 減って います。
  むら　　　　　　　　　じんこう　　へ
  저 마을은 점점 인구가 줄어들고 있습니다.

♠ どんどん 잇따라, 계속해서, 자꾸자꾸
♠ 減(へ)る 줄다, 적어지다

神社
じんじゃ

신사

- 去年の お守りを 神社へ 持って 行きました。
  きょねん　　まも　　　じんじゃ　　も　　　　い
  작년 부적을 신사에 가지고 갔습니다.

♠ お守(まも)り 부적

心配(する)
しんぱい

걱정(하다)

- 娘から 連絡が なくて 心配です。
  むすめ　　れんらく　　　　　　しんぱい
  딸로부터 연락이 없어서 걱정입니다.

新聞
しんぶん

신문

- 英語の 新聞を 読んで みたいです。
  えいご　　しんぶん　　よ
  영자 신문을 읽고 싶습니다.

水泳
すいえい

수영

- 体が 弱いので 水泳を 始めました。
  からだ　よわ　　　　　すいえい　　はじ
  몸이 약해서 수영을 시작했습니다.

♠ 体(からだ)が 弱(よわ)い 몸이 약하다

水道
すいどう

수도

- 東京では 水道の 水は 飲まない ほうが いいです。
  とうきょう　　すいどう　みず　の
  동경에서는 수돗물은 마시지 않는 편이 좋습니다.

数学
すうがく

수학

• 私は 友達に 数学を 教えて あげました。
わたし　ともだち　すうがく　　　おし

나는 친구에게 수학을 가르쳐 주었습니다.

生活(する)
せいかつ

생활(하다)

• 今、友達と 生活を して います。
いま　ともだち　せいかつ

지금 친구와 생활을 하고 있습니다.

生産(する)
せいさん

생산하다

• ジュースを 生産するのに 大きな 工場が 必要
せいさん　　　　　おお　　こうじょう　ひつよう
です。

주스를 생산하는데 큰 공장이 필요합니다.

政治
せいじ

정치

• 難しい 政治に ついては 何も わかりません。
むずか　せいじ　　　　　なに

어려운 정치에 대해서는 아무것도 모릅니다.

生徒
せいと

학생

• 質問を して くる 生徒は 少ないです。
しつもん　　　　　せいと　すく

질문을 해오는 학생은 적습니다.

♣ 質問(しつもん)する 질문하다
♣ 少(すく)ない 적다 ↔ 多(おお)い 많다

西洋
せいよう

서양

• 昔から 西洋に 憧れて いました。
むかし　せいよう　あこが

옛날부터 서양을 동경해 왔습니다.

♣ 憧(あこが)れる 그리워하다, 동경하다

世界
せかい

세계

• いつか 世界へ 進出したいです。
せかい　しんしゅつ

언젠가 세계로 진출하고 싶습니다.

説明
せつ めい

설명

- よく わからないので、もう 一度 説明して ください。
  잘 모르겠으므로 다시 한 번 설명해 주세요.

背中
せ なか

등

- 子は 親の 背中を 見て 育ちます。
  아이는 부모를(부모의 등을) 보고 자랍니다.
- ♠ 예문은 부모의 행동을 보고 자녀들이 그대로 따라한다는 의미
- ♠ 育(そだ)つ 자라다, 성장하다

背広
せ びろ

양복

- お父さんに 背広を 買って あげました。
  아버지에게 양복을 사 드렸습니다.

世話
せ わ

보살핌

- 隣の 人に 犬の 世話を 頼みました。
  이웃 사람에게 개를 돌봐달라고 부탁했습니다.

先生
せん せい

선생님

- この 学校の 先生は 皆 厳しいです。
  이 학교 선생님은 모두 엄합니다.
- ♠ 厳(きび)しい 엄하다

戦争 (する)
せん そう

전쟁(하다)

- よその 国では 戦争を して います。
  다른 나라에서는 전쟁을 하고 있습니다.
- ♠ よそ 타처, 딴 곳

洗濯 (する)
せん たく

세탁(하다)

- 久しぶりに 晴れたので 洗濯を します。
  오랜만에 날이 개어서 세탁을 합니다.

先輩 せん ぱい 선배	● いつも 一緒だった **先輩**が 卒業して しまいました。 　いっしょ　　　　せんぱい　そつぎょう 　항상 함께였던 선배가 졸업해버렸습니다.
全部 ぜん ぶ 전부	● 必要な ものは、これで **全部**ですか。 　ひつよう　　　　　　　　ぜんぶ 　필요한 것은 이것이 전부입니까?
専門 せん もん 전문	● やはり **専門**の 人に 任せましょう。 　　　　せんもん　ひと　まか 　역시 전문가에게 맡깁시다. ◆ 任(まか)せる 맡기다
掃除(する) そう じ 청소(하다)	● 休みの 日は 家中を **掃除**します。 　やす　　ひ　いえじゅう　そうじ 　쉬는 날에는 집안을 청소합니다.
相談(する) そう だん 상담(하다)	● ちょっと 悩んで いる ことが あるので **相談**して みます。 　　　　なや　　　　　　　　　　　　　　そうだん 　좀 고민하고 있는 것이 있으므로 상담해 보겠습니다.
卒業(する) そつ ぎょう 졸업(하다)	● 大学を **卒業**して もう 十年に なります。 　だいがく　そつぎょう　　　　じゅうねん 　대학을 졸업하고 벌써 10년이 되었습니다.
退院(する) たい いん 퇴원(하다)	● 手術が 成功して 来週 **退院**します。 　しゅじゅつ　せいこう　らいしゅうたいいん 　수술이 성공해서 다음 주에 퇴원합니다.

大学 だいがく
대학

- 将来 兄と 同じ 大学に 入りたいです。
  장래 형과 같은 대학에 들어가고 싶습니다.

大事 だいじ
큰일

- 大事に 至らなくて 良かったです。
  큰일이 나게 되지 않아 다행입니다.
- ♠至(いた)る (어떤 상태나 단계로) 되다

台所 だいどころ
부엌

- 母は いつも 台所で 料理を して います。
  어머니는 항상 부엌에서 요리를 하고 있습니다.
- ♠料理(りょうり)をする 요리를 하다

台風 たいふう
태풍

- 「今夜は 風が 強いですね。」「台風が 来て いる
  そうです。」
  "오늘밤은 바람이 세네요." "태풍이 왔다고 합니다."

建物 たてもの
건물

- 都会には 高い 建物が たくさん あります。
  도시에는 높은 건물이 많이 있습니다.

男性 だんせい
남성

- 男性は 寒さに 弱いと 聞きました。
  남성은 추위에 약하다고 들었습니다.
- ♠寒(さむ)さ 추위 「寒(さむ)い 춥다」의 명사형
- ♠い형용사의 명사화 「い형용사의 어간+さ」

暖房 だんぼう
난방

- そろそろ 暖房を 入れませんか。
  슬슬 난방을 켜겠습니까?

地図 ちず 지도	• とても 方向音痴で 地図が 読めない 人が います。 방향감각이 전혀 없어서 지도를 읽지 못하는 사람이 있습니다.
茶色 ちゃいろ 갈색	• 彼女は 髪が 茶色で 魅力的です。 그녀는 머리가 갈색으로 매력적입니다.
茶碗 ちゃわん 밥공기	• お茶碗で ご飯を 食べるのは 久しぶりです。 밥공기로 밥을 먹는 것은 오랜만입니다.
注意(する) ちゅうい 주의(하다)	• 同じ ことを 繰り返さない ように 注意して ください。 같은 것을 반복하지 않게 주의해 주세요. ✦繰(く)り返(かえ)す 되풀이하다, 반복하다
中国 ちゅうごく 중국	• この頃 中国が 大人気です。 요즘 중국이 매우 인기입니다.
中止(する) ちゅうし 중지(하다)	• 雨なので 今日の マラソン大会は 中止に します。 비가 와서 오늘 마라톤 대회는 중지하겠습니다.
注射(する) ちゅうしゃ 주사(놓다)	• 注射は 嫌いですが、インフルエンザの 予防 接種 は 受けざるを 得ません。 주사는 싫어하지만 독감 예방 접종은 받지 않으면 안 됩니다.

地理
ちり

지리

• 住み慣れた 土地なので、この 辺りの 地理に 詳しいです。
すな　　とち　　　　　　あた　ちり　くわ

오래 살아 정든 고장이라 이 근처 지리는 잘 압니다.

都合
つ ごう

사정, 형편

• もし 都合が 宜しければ、お電話 ください。
つごう　よろ　　　　　でんわ

만약 사정이 좋으시다면 전화 주세요.

手紙
て がみ

편지

• 今日 アメリカの 友達に 手紙を 出しました。
きょう　　　　　ともだち　て がみ　だ

오늘 미국 친구에게 편지를 보냈습니다.

♠ 手紙(てがみ)を出(だ)す 편지를 부치다

出口
で ぐち

출구

• 出口が どこか わかりません。
で ぐち

출구가 어딘지 모르겠습니다.

手袋
て ぶくろ

장갑

• 初めて 手袋を 編んで います。
はじ　　て ぶくろ　あ

처음으로 장갑을 짜고 있습니다.

♠ 初(はじ)めて 최초로, 처음으로
♠ 編(あ)む 엮다, 뜨다

手元
て もと

수중

• 手紙は お手元に 届きましたか。
て がみ　　て もと　とど

편지는 수중에 도착했습니까?

♠ 届(とど)く 닿다, 도착하다, 이르다

店員
てん いん

점원

• 店に 入ると 店員が 笑顔で 「いらっしゃいませ」と 言いました。
みせ　はい　　てんいん　えがお　　　　　　　　　　　　い

가게에 들어서자 점원이 웃는 얼굴로 "어서 오세요."하고 말했습니다.

天気 (てんき)
날씨

• 今日は 本当に いい 天気ですね。
오늘은 정말 좋은 날씨이군요.

電気 (でんき)
전기

• すみませんが、電気を つけて ください。
죄송하지만 전기를 켜주세요.

♣ 電気(でんき)をつける 불을 켜다

電車 (でんしゃ)
전철

• 電車の 中で 本を 読みながら 会社に 行きます。
전철 안에서 책을 읽으면서 회사에 갑니다.

電灯 (でんとう)
전등

• 辺りは 電灯が ついて いるので、あまり 怖く
ありません。
주변에는 전등이 켜져 있기 때문에 그다지 무섭지 않습니다.

電報 (でんぼう)
전보

• 電報を 一本 打って おいて ください。
전보를 한 통 쳐두세요.

電話 (でんわ)
전화

• 電話を して 声を 聞きたい 人が います。
전화를 걸어 목소리를 듣고 싶은 사람이 있습니다.

道具 (どうぐ)
도구

• ドアが 開かないんですが、何か 道具は
ありませんか。
문이 열리지 않는데 무슨 도구가 없습니까?

どうぶつ
動物
동물

- 動物園に 行けば いろいろな 動物が います。
動물원에 가면 여러 가지 동물이 있습니다.

どう わ
童話
동화

- 子供に イソップ 童話を 読んで あげました。
아이에게 이솝 동화를 읽어 주었습니다.

と けい
時計
시계

- 今、時計が ないので 時間が わかりません。
지금 시계가 없어서 시간을 알지 못합니다.

とこ や
床屋
이발소

- 町内に 昔ながらの 床屋が あります。
마을 내에 옛날 그대로의 이발소가 있습니다.

♠ 昔(むかし)ながらの 옛날 그대로의

と ちゅう
途中
도중

- 家に 帰る 途中で 友達に 会いました。
집에 돌아오는 도중에 친구를 만났습니다.

とっきゅう
特急
특급

- 少し 高い お金を 出しても 特急で 帰りましょう。
조금 비싼 돈을 내서라도 특급으로 돌아갑시다.

とりにく
鶏肉
닭고기

- クリームシチューには 鶏肉が 合います。
크림시츄에는 닭고기가 어울립니다.

泥棒
どろ ぼう

도둑

- となりの 家に 泥棒が 入った そうです。
  いえ どろぼう はい

  옆집에 도둑이 들었다고 합니다.

♠ 泥棒(どろぼう)が 入(はい)る 도둑이 들다

名前
な まえ

이름

- お名前は 何と おっしゃいますか。
  な まえ なん

  존함은 어떻게 되십니까?

♠ おっしゃる 말씀하시다 「言(い)う 말하다」의 높임말

日記
にっ き

일기

- 私は 毎日 日記を 付ける ように して います。
  わたし まいにち にっき つ

  나는 매일 일기를 쓰기로 하고 있습니다.

荷物
に もつ

짐

- ちょっと この 荷物を 運んで いただけますか。
  に もつ はこ

  이 짐 좀 옮겨주실 수 있습니까?

入院(する)
にゅういん

입원(하다)

- 小林さんの 奥さんが 交通事故で 入院した そうです。
  こばやし おく こうつう じ こ にゅういん

  고바야시 씨의 부인이 교통사고로 입원했다고 합니다.

入学(する)
にゅうがく

입학(하다)

- 来年 四月から 東京の 大学に 入学する 予定です。
  らいねん しがつ とうきょう だいがく にゅうがく よてい

  내년 4월부터 도쿄의 대학에 입학할 예정입니다.

人形
にんぎょう

인형

- 娘は 人形を 欲しがって います。
  むすめ にんぎょう ほ

  딸은 인형을 갖고 싶어 합니다.

♠ 欲(ほ)しがる 갖고 싶어 하다, 탐내다

値段 _{ね だん}

가격

- スーパーの 生鮮食品は 夕方に なると 値段が だいぶ 安く なります。
  슈퍼 생선, 야채와 같은 신선식품은 저녁 무렵이 되면 가격이 상당히 싸집니다.

寝坊 _{ね ぼう}

늦잠

- 今日に 限って 寝坊を して しまいました。
  하필 오늘 늦잠을 자 버렸습니다.

場合 _{ば あい}

때, 경우

- 休む 場合は 連絡を して ください。
  쉴 때는 연락을 해 주세요.

拝見(する) _{はい けん}

삼가봄(삼가보다)

- こちらを 拝見しても 宜しいですか。
  이쪽을 봐도 되겠습니까?

灰皿 _{はい ざら}

재떨이

- 煙草は 吸いませんので 灰皿は 結構です。
  담배는 피지 않으므로, 재떨이는 필요 없습니다.

♠ 結構(けっこう) 충분함, 만족스러움

葉書 _{は がき}

엽서

- 暑中見舞を 書く ために 葉書が 必要です。
  서중문안을 쓰기 위해서 엽서가 필요합니다.

♠ 暑中見舞(しょちゅうみまい) 서중문안, 무더운 여름을 잘 보내고 있는지 안부를 묻는 것

場所 _{ば しょ}

장소

- 待ち合わせの 場所は どこでしたか。
  만나는 장소는 어디였습니까?

発音 はつ おん 발음	• きれいな 発音 を されますね。 <small>はつおん</small> 발음이 좋으시군요. ♣ **される** 하시다 「**する** 하다」의 높임말
花見 はな み 꽃구경	• 今日 友達と 花見に 行って きました。 <small>きょう ともだち はなみ い</small> 오늘 친구와 꽃구경하고 왔습니다.
番組 ばんぐみ 프로그램	• 何か 面白い 番組は ありませんか。 <small>なに おもしろ ばんぐみ</small> 어디 재미있는 프로는 없습니까?
番号 ばん ごう 번호	• 順番通りに 番号を 付けて ください。 <small>じゅんばんどお ばんごう つ</small> 순서대로 번호를 매겨 주세요.
反対 はんたい 반대	• この 意見に 反対の 人は 手を あげて ください。 <small>いけん はんたい ひと て</small> 이 의견에 반대하는 사람은 손을 들어 주세요.
半分 はん ぶん 절반	• お腹が いっぱいですから、量を 半分に して <small>なか りょう はんぶん</small> ください。 배가 꽉 찼으니까 양을 절반으로 해 주세요. ♣ **〜にする** 〜로 하다, 〜하게 하다
一月 ひと つき 한 달	• この 夏は 一月ぐらい 休みを とる つもりです。 <small>なつ ひとつき やす</small> 이번 여름은 한 달 정도 휴가를 낼 생각입니다. ♣ **休(やす)みをとる** 휴가를 내다

びょういん
病院
병원

• どこの 病院に 行けば 良いでしょうか。
어느 병원으로 가면 좋겠습니까?

びょうき
病気
병

• 普段から 病気に ならない ように 食べ物に 気を つけて います。
평소에 병에 걸리지 않도록 음식에 주의하고 있습니다.

ひるま
昼間
낮

• 昼間の 散歩は 楽しいですね。
낮 시간의 산책은 즐겁지요?

ふうとう
封筒
봉투

• エアメール用の 封筒 ありませんか。
에어메일용 봉투 없습니까?

ふくしゅう
復習
복습

• 予習より 復習が 大切です。
예습보다 복습이 중요합니다.

ぶた にく
豚肉
돼지고기

• 韓国に 来て 豚肉を よく 食べる ように なりました。
한국에 와서 돼지고기를 잘 먹을 수 있게 되었습니다.

ぶ ちょう
部長
부장

• その 件でしたら 部長に 聞いて みましょう。
그 건이시라면 부장님에게 물어보겠습니다.

普通 <small>ふ つう</small> 보통	• もっと 普通の やり方を して ください。 좀 더 보통 방식으로 해 주세요. ♠ やり方(かた) 하는 방법(태도)
葡萄 <small>ぶ どう</small> 포도	• 葡萄にも いろいろ 種類が あります。 포도에도 여러 가지 종류가 있습니다.
布団 <small>ふ とん</small> 이부자리, 이불	• 布団を しっかり かぶって 寝ましょう。 이불을 잘 덮고 잡시다. ♠ しっかり 확실히, 똑똑히 ♠ かぶる 쓰다, 덮어쓰다
風呂 <small>ふ ろ</small> 목욕	• 朝 お風呂に 入ると 気分が いいです。 아침에 목욕하면 기분이 좋습니다. ♠ お風呂(ふろ)に入(はい)る 목욕하다
文化 <small>ぶん か</small> 문화	• その 国には その 国なりの 文化が あります。 그 나라에는 그 나라 나름의 문화가 있습니다. ♠ なり ~나름 그것에 알맞음을 나타냄
文学 <small>ぶん がく</small> 문학	• 学生の 頃から 文学を 愛して いました。 학생 시절부터 문학을 좋아했습니다.
文章 <small>ぶんしょう</small> 문장	• 文章を 書くのが 苦手です。 문장을 쓰는 것이 서툽니다.

文法 ぶん ぽう 문법	● 会話の 時は 文法に こだわらないで 話しましょう。 회화할 때는 문법에 구애받지 말고 말합시다. ♠ こだわる 구애되다	
部屋 へ や 방	● いつも 部屋が 汚いです。 항상 방이 더럽습니다.	
勉強(する) べんきょう 공부(하다)	● 大人に なってからも 勉強は 必要です。 어른이 돼서도 공부는 필요합니다.	
返事(する) へん じ 대답(하다), 답장(하다)	● 名前を 呼ばれた ときは、大きな 声で 返事を しましょう。 호명을 당했을 때는 큰 목소리로 답합시다.	
貿易 ぼうえき 무역	● 将来 貿易関係の 仕事に つきたいです。 장래 무역관계 일을 하고 싶습니다.	
帽子 ぼう し 모자	● 夏は 日差しが 厳しいので、帽子を 被って 外出します。 여름에는 햇볕이 강해서 모자를 쓰고 외출합니다.	
放送 ほうそう 방송	● 給食の 時間に なると 放送が かかります。 급식 시간이 되면 방송이 나옵니다. ♠ 放送(ほうそう)がかかる 방송이 나오다	

② 명사

PART 2 83

ほうりつ **法律** 법률	**あに　ほうりつ　せんこう** • 兄は 法律を 専攻して います。 형은 법률을 전공하고 있습니다.
ほんだな **本棚** 책장	**ほん　おお　　　ほんだな　　はい** • 本が 多すぎて 本棚に 入りきれません。 책이 넘쳐서 책장에 넣을 수가 없습니다. ♣ 入(はい)りきれない 넣을 수가 없다 ♣ ~きれない 끝까지 해낼 수 없음을 나타냄
まん が **漫画** 만화	**きょうかしょ　　　　まんが　　す** • 教科書よりも 漫画が 好きです。 교과서보다도 만화가 좋습니다.
め がね **眼鏡** 안경	**とき　　　　　　めがね　　も　ある** • いざという 時の ために、いつも 眼鏡を 持ち歩いて います。 만일의 경우를 생각해서 항상 안경을 가지고 다닙니다.
も めん **木綿** 솜	**もめん　きじ　はだ　やさ** • 木綿の 生地は 肌に 優しいです。 솜 소재는 피부에 좋습니다. ♣ 肌(はだ)に優(やさ)しい 피부에 좋다
もん だい **問題** 문제	**ちが　もんだい　かんが** • もっと 違う 問題から 考えましょう。 좀 더 다른 문제부터 생각해봅시다.
や さい **野菜** 야채	**つね　やさい　た　　　　こころが** • 常に 野菜を 食べる ように 心掛けて います。 항상 야채를 먹도록 유의하고 있습니다. ♣ 心掛(こころが)ける 마음을 쓰다, 유의하다

約束(する) やくそく 약속(하다)	**絶対 勝つと 約束を しました。** ぜったい か やくそく 꼭 이기겠다고 약속했습니다.
輸出(する) ゆしゅつ 수출(하다)	**輸出したくても ルートが 見つかりません。** ゆしゅつ み 수출하고 싶어도 루트를 찾을 수 없습니다.
用意(する) ようい 준비(하다)	**位置に ついて。用意ドン！** いち ようい 제자리 서(위치에 서). 준비 땅!
用事 ようじ 용건	**ここまで 来た 用事は 何でしたか。** き ようじ なん 여기까지 온 용건은 무엇이었습니까?
洋服 ようふく 옷	**私は 和服よりも 洋服を よく 着ます。** わたし わふく ようふく き 나는 일본 옷보는 양복을 잘 입습니다.
予習 よしゅう 예습	**私は 復習よりも 予習を 一生懸命します。** わたし ふくしゅう よしゅう いっしょうけんめい 나는 복습보다는 예습을 열심히 합니다.
予定 よてい 예정	**その 予定ですが、 変更が あるかも しれません。** よてい へんこう 그 예정 말입니다만, 변경이 있을 수도 있습니다. ♠ ~かもしれない ~일지도 모른다

よやく
予約
예약

- もう 予約は 済ませましたか。
  이미 예약은 끝났습니까?

↑ 済(す)ませる 끝내다, 마치다

ゆう がた
夕方
해질녘, 저녁때

- 夕方に なると ジョギングに 出ます。
  저녁때가 되면 조깅하러 갑니다.

ゆう はん
夕飯
저녁밥

- 今日の 夕飯は 何ですか。
  오늘 저녁밥은 무엇입니까?

ゆ にゅう
輸入(する)
수입하다

- これを 輸入できたら もっと 売り上げが 伸びるか
  も しれません。
  이것을 수입 가능하다면 더욱 매상이 늘지도 모릅니다.

ゆび わ
指輪
반지

- もし 指輪を プレゼントされたら 結婚します。
  만약 반지를 선물 받는다면 결혼하겠습니다.

り ゆう
理由
이유

- どうして そうなのか、理由を 教えて ください。
  왜 그렇게 된 것인지 이유를 알려 주세요.

り よう
利用(する)
이용(하다)

- いつも 日韓共同切符を 利用して います。
  항상 일한공동우표를 이용하고 있습니다.

りょうしん **両親** 부모	• いつ ご両親に お会い できますか。 언제 부모님과 만나 뵐 수 있습니까?
りょうほう **両方** 양쪽	• 両方 好きなので どちらも 選べません。 양쪽 다 좋아서 어느 것도 고를 수가 없습니다.
りょうり **料理** 요리	• 結婚してから 料理を する ように なりました。 결혼해서부터 요리를 만들 수 있게 되었습니다.
りょかん **旅館** 여관	• 旅館と いっても 韓国と 日本では 少し 違います。 여관이라 해도 한국과 일본은 조금 다릅니다.
りょこう **旅行(する)** 여행(하다)	• 年に 一度は 旅行に 行きます。 1년에 한 번은 여행을 갑니다.
る す **留守** 부재중	• 今 母は 留守に して います。 지금 어머니는 부재중이십니다.
れいぼう **冷房** 냉방	• あまり 冷房を 入れすぎると、体に 良く ありません。 지나치게 냉방을 넣으면 몸에 좋지 않습니다.

歴史
れき し

역사

- 自分の 国の 歴史も よく わかりません。
  じ ぶん　く に　れき し

  자신의 나라의 역사를 잘 알지 못합니다.

練習(する)
れんしゅう

연습(하다)

- 今日の 放課後から 演劇の 練習が あります。
  きょう　ほう か ご　えんげき　れんしゅう

  오늘 방과후부터 연극 연습이 있습니다.

連絡(する)
れんらく

연락(하다)

- 連絡だけは 忘れないで ください。
  れんらく　　　　わす

  연락만은 잊어버리지 마세요.

廊下
ろう か

복도

- 廊下を 走らないで ください。
  ろうか　はし

  복도를 달리지 말아 주세요.

録音
ろく おん

녹음

- 先生の 講義を 録音して 家で もう一度 聞きます。
  せんせい　こう ぎ　ろくおん　　いえ　　　いち ど き

  선생님의 강의를 녹음해서 집에서 다시 한 번 듣습니다.

割合
わり あい

비율

- 職場に おける 女性の 割合が 増えて きました。
  しょくば　　　　じょせい　わりあい　ふ

  직장에 있어서 여성 비율이 늘었습니다.

- ～における ～의 있어서의, ～의 경우의

若者
わか もの

젊은이, 청년

- 最近の 若者は 個性が 強いです。
  さいきん　わかもの　こ せい　　つよ

  요즘 젊은이들은 개성이 강합니다.

훈독음독 3자한자

あさ ご はん
朝御飯

아침밥

• 今日は 寝坊したので 朝御飯を 食べずに 出かけ
ました。
오늘은 늦잠을 자서 아침밥을 먹지 않고 나갔습니다.

うん てん しゅ
運転手

운전사

• 私の 父は タクシーの 運転手です。
우리 아버지는 택시 운전사입니다.

えい が かん
映画館

영화관

• 日曜日なので 映画館は とても 混んで いました。
일요일이라서 영화관은 매우 붐볐습니다.

♠ 混(こ)む (많은 사람으로) 붐비다, 혼잡을 이루다

おう せつ ま
応接間

응접실

• 応接間に お客さんが いらっしゃるから、静かに
しなさい。
응접실에 손님이 있으니까 조용히 하세요.

かい ぎ しつ
会議室

회의실

• 会議が あるので 午前 十時に 会議室に 集合して
ください。
회의가 있으므로 오전 10시에 회의실에 집합합시다.

がい こく じん
外国人

외국인

• 隣の 家には 外国人 夫婦が 住んで います。
이웃집에는 외국인 부부가 살고 있습니다.

看護婦
かん ご ふ

간호사

- 私の 夢は 将来 看護婦に なる ことです。
  わたし ゆめ しょうらい かん ご ふ
  내 꿈은 장래 간호사가 되는 것입니다.

喫茶店
きっ さ てん

다방, 찻집

- 暑いですから、そこの 喫茶店で アイスコーヒーでも
  あつ   きっ さ てん
  飲みませんか？
  の
  더우니까 저기 찻집에서 아이스커피라도 마실까요?

研究室
けんきゅうしつ

연구실

- 教授は いつも 研究室に います。
  きょうじゅ   けんきゅうしつ
  교수님은 항상 연구실에 있습니다.

高校生
こう こう せい

고등학생

- 夕方に なると、 この 店は 高校生で いっぱいに
  ゆうがた   みせ こうこうせい
  なります。
  저녁때가 되면 이 가게는 고등학생으로 가득찹니다.

交差点
こう さ てん

교차로

- 地下鉄の 駅は、 次の 交差点を 右に 曲がった
  ち か てつ えき つぎ こう さ てん みぎ ま
  ところです。
  지하철역은 다음 교차로에서 오른쪽으로 돈 지점입니다.

公務員
こう む いん

공무원

- 私は 公務員に なる ために、 一生懸命 勉強を
  わたし こう む いん   いっしょうけんめい べんきょう
  して います。
  나는 공무원이 되기 위해서 열심히 공부하고 있습니다.

自転車
じ てん しゃ

자전거

- 自転車に 乗る ときは、 車に 注意しましょう。
  じ てん しゃ の   くるま ちゅうい
  자전거에 탈 때는 차에 주의합시다.

じどうしゃ
自動車

자동차

・じどうしゃの めんきょを とったら かのじょと ドライブに いきたいです。
自動車の 免許を 取ったら 彼女と ドライブに いきたいです。
자동차 면허를 따면 그녀와 드라이브를 가고 싶습니다.

じむしょ
事務所

사무실

・わたしの かいしゃの じむしょは いつも しずかです。
私の 会社の 事務所は いつも 静かです。
우리 회사 사무실은 항상 조용합니다.

しょうがっこう
小学校

초등학교

・わたしの いえの まえには しょうがっこうが あります。
私の 家の 前には 小学校が あります。
우리 집 앞에는 초등학교가 있습니다.

しょくりょうひん
食料品

식료품

・スーパーの 食料品 売り場には、 いろいろな 物が あります。
슈퍼 식료품 매장에는 여러 가지 물건이 있습니다.

しんぶんしゃ
新聞社

신문사

・兄は 新聞社で 編集の 仕事を して います。
형은 신문사에서 편집 일을 하고 있습니다.

だいがくせい
大学生

대학생

・大学生に なったら、 アルバイトを したいです。
대학생이 되면 아르바이트를 하고 싶습니다.

たんじょうび
誕生日

생일

・明日は 私の 誕生日です。
내일은 내 생일입니다.

たいしかん
大使館

대사관

- 日本大使館に 行って ビザを 申請しました。
  일본대사관에 가서 비자를 신청했습니다.

ちかてつ
地下鉄

지하철

- 毎日 地下鉄で 会社に 通います。
  매일 지하철로 회사에 다닙니다.

ちゅうがっこう
中学校

중학교

- 私の 妹は、今年 中学校を 卒業しました。
  내 여동생은 올해 중학교를 졸업했습니다.

ちゅうしゃじょう
駐車場

주차장

- 駅の 近くに 駐車場が ないので 不便です。
  역 가까이에 주차장이 없어서 불편합니다.

てんらんかい
展覧会

전람회

- 週末は 展覧会を 見に 行く 予定です。
  주말에는 전람회를 보러 갈 예정입니다.

どうぶつえん
動物園

동물원

- 上野の 動物園には パンダが います。
  우에노 동물원에는 판다가 있습니다.

としょかん
図書館

도서관

- 学校が 終わったら 図書館で 勉強します。
  학교가 끝나면 도서관에서 공부합니다.

は い しゃ
歯医者

치과의사, 치과

- 私は 歯医者の 臭いが 嫌いです。
  나는 치과 냄새가 싫습니다.

☘ 臭(にお)い 냄새 특히 불쾌한 냄새의 경우에 사용,
  보통 좋은 냄새는 匂(にお)い를 사용

ばん ご はん
晩御飯

저녁밥

- 今日の 晩御飯は 焼き肉です。
  오늘 저녁밥은 불고기입니다.

ひ こう き
飛行機

비행기

- 飛行機に 乗れば、成田空港まで 二時間です。
  비행기에 타면 나리타공항까지 2시간입니다.

ひ こうじょう
飛行場

비행장

- 飛行場に 飛行機が たくさん 見えます。
  비행장에 비행기가 많이 보입니다.

ひる ご はん
昼御飯

점심밥

- 昼御飯は 何を 食べましたか？
  점심은 무엇을 먹었습니까?

まん ねんひつ
万年筆

만년필

- 父は 卒業 プレゼントに 万年筆を くれました。
  아버지는 졸업 선물로 만년필을 주었습니다.

や お や
八百屋

야채가게

- 母の お使いで 八百屋さんに 行って ネギを 買って きました。
  어머니 심부름으로 야채가게에 가서 파를 사왔습니다.

☘ 八百屋(やおや)는 한자의 읽는 음이 특이해서 시험에 자주 출제됨

ゆうびんきょく
郵便局
우체국

こづみ だ ゆうびんきょく い
• 小包を 出す ために 郵便局へ 行きました。
소포를 부치기 위해서 우체국에 갔습니다.

りゅうがくせい
留学生
유학생

ことし にほん き りゅうがくせい すく
• 今年は 日本から 来た 留学生が 少ないです。
올해는 일본에서 온 유학생이 적습니다.

れいぞうこ
冷蔵庫
냉장고

れいぞうこ ひ
• 冷蔵庫には ビールが 冷やして あります。
냉장고에는 맥주가 차갑게 보관되어 있습니다.

훈독음독 4자한자

いっしょうけんめい
一生懸命
열심임

わたし いっしょうけんめい どりょく いちど
• 私、一生懸命に 努力しますから もう 一度
チャンスを ください。
나, 열심히 노력할 테니까 다시 한 번 기회를 주세요.

てんきよほう
天気予報
일기예보

てんきよほう あした は
• 天気予報に よれば 明日は 晴れる そうです。
일기예보에 의하면 내일은 맑다고 합니다.

だんじょきょうがく
男女共学
남녀공학

わたし がっこう だんじょきょうがく
• 私の 学校は 男女共学です。
우리 학교는 남녀공학입니다.

훈독음독 기타 한자

あか
赤ちゃん

아기

● 赤ちゃんの 寝る 姿は いつ 見ても かわいいです。
아기의 자는 모습은 언제 봐도 귀엽습니다.

あそ
遊び

놀이, 놂

● 息子は 遊びに 行って まだ 帰って いません。
아들은 놀러가서 아직 오지 않았습니다.

あなた

당신

● あなたは 何年 生まれですか。
당신은 몇 년 생이세요?

🔊 生(う)まれ 생, 태어남, 출생

うし
後ろ

뒤

● 後ろから エミちゃんを 呼ぶ 声が 聞こえました。
뒤에서 에미를 부르는 소리가 들렸습니다.

う ば
売り場

매장

● すみません、靴売り場は どこですか。
실례합니다만, 구두매장은 어디 있습니까?

いわ
お祝い

축하

● 昨日は 誕生日で、みんなに お祝いして
もらいました。
어제는 생일이라 모두에게 축하를 받았습니다.

お陰 かげ 덕택, 덕분	• 私が ここまで 来れたのも 皆様の ご声援の お陰 わたし　　　　　　こ　　　　みなさま　　せいえん　　かげ です。 제가 여기까지 올 수 있었던 것도 모두의 응원 덕분입니다.
お菓子 か　し 과자	• これは 母が 作って くれた 手作りの お菓子です。 はは　つく　　　　　てづく　　　か　し 이것은 어머니가 만들어 주신 수제 과자입니다.
お金 かね 돈	• 給料日 前だから お金が ないです。 きゅうりょうび　まえ　　　　かね 월급 전이라 돈이 없습니다.
贈り物 おく　もの 선물	• お中元の 贈り物には 何が いいですか。 ちゅうげん　おく　もの　　なに 백중 선물로는 무엇이 좋습니까? ♣ お中元(ちゅうげん) 중원, 백중, 음력 7월 보름날 우란분재를 올리고 평소에 신세를 진 친척과 친지에게 선물을 함
お酒 さけ 술	• お酒は 強い 方ですか。 さけ　つよ　ほう 술은 센 편입니까?
お皿 さら 접시	• 誤って お皿を 割って しまいました。 あやま　　さら　　わ 실수로 접시를 깨버렸습니다.
押し入れ お　い 붙박이장	• 私の 部屋には 押し入れが あって, そこに いろい わたし　へや　　　　お　い ろな 物を しまって います。 もの 내 방에는 붙박이장이 있어서 거기에 여러 가지 물건이 넣어져 있 습니다.

お茶
_{ちゃ}

차

• コーヒーと お茶と どちらが 好きですか。
커피와 차(녹차) 중 어느 것이 좋습니까?

♠ ~と, ~と, どちら ~와, ~중, 어느 쪽

お宅
_{たく}

댁

• もしもし 佐織さんの お宅ですか。
여보세요. 사오리 씨 댁인가요?

おつり

잔돈

• この ボタンを 押すと おつりが 出ます。
이 버튼을 누르면 잔돈이 나옵니다.

♠ ボタンを押(お)す 버튼을 누르다
♠ おつりが出(で)る 잔돈이 나오다

お手洗い
_{て あら}

화장실

• お手洗いは どこですか。
화장실은 어디입니까?

男の人
_{おとこ ひと}

남자

• 男の人は 電話を かけようと して います。
남자는 전화를 걸려고 하고 있습니다.

♠ 電話(でんわ)をかける 전화를 걸다

踊り
_{おど}

춤

• 私は 踊りが 苦手です。
저는 춤이 서툽니다.

お風呂
_{ふ ろ}

목욕

• 疲れた 日には お風呂に 入って ぐっすり 寝ると 疲れが 取れます。
피곤할 때는 목욕하고 푹 자면 피곤이 풀립니다.

お弁当（べんとう） 도시락	・昨日（きのう）は お弁当（べんとう）を 持（も）って ピクニックに 行（い）きました。 어제는 도시락을 싸서 소풍을 나갔습니다.
お巡（まわ）りさん 순경, 경관	・道（みち）に 迷（まよ）って しまった とき、お巡（まわ）りさんが 親切（しんせつ）に 教（おし）えて くれました。 길을 잃었을 때 순경이 친절하게 가르쳐 주었습니다.
お見舞（みまい） 문병	・昨日（きのう）、盲腸炎（もうちょうえん）で 入院（にゅういん）して いる 山下（やました）さんの お見舞（みまい）に 行（い）って きました。 어제 맹장염으로 입원하고 있는 야마시타 씨 문병을 갔다 왔습니다.
お土産（みやげ） 기념품, 선물	・これ アメリカで 買（か）って きた お土産（みやげ）です。 이거 미국에서 사온 선물입니다.
お礼（れい） 사례, 답례	・お世話（せわ）に なった おばちゃんに、お礼（れい）として 何（なに）を あげたら いいかなあ。 신세를 진 아주머니에게 사례로 무엇을 주면 좋을까?
女（おんな）の子（こ） 여자아이	・公園（こうえん）で 女（おんな）の子（こ）が 一人（ひとり）で 遊（あそ）んで います。 공원에서 여자아이가 혼자 놀고 있습니다.
かばん 가방	・あの 花柄（はながら）の 赤（あか）い かばんが 欲（ほ）しいです。 저 꽃무늬 빨간 가방이 갖고 싶습니다.

ご存じ
알고 계심

- 二人は 前から ご存じでしたか。
  두 사람은 전부터 알고 계셨습니까?

答え
답, 대답

- いくら 考えても 答えが でません。
  아무리 생각해도 답이 나오지 않습니다.

ご馳走
음식을 대접함, 한턱냄

- 昨日の 夜は 友人が 就職祝に ご馳走して くれました。
  어제 밤에는 친구가 취직 축하로 한 턱 냈습니다.

この間
일전, 요전

- この間 一緒に 歩いて いた 人は 誰ですか。
  요전 날, 함께 걸어갔던 사람은 누구입니까?

この頃
요즈음

- この頃 忙しくて ちゃんと 寝られないです。
  요즈음 바빠서 잘 잘 수 없습니다.

ご飯
밥

- 昼ご飯は もう 食べましたか。
  점심은 이미 먹었습니까?

ご覧になる
보시다, 見(み)る의 높임말

- あなたは どの 番組を よく ご覧に なりますか。
  당신은 어떤 프로를 잘 보십니까?

石けん
せっ

비누

- お風呂場には 石けんが おいて ありますから
持って 行かなくても いいです。
목욕탕에는 비누가 놓여 있으므로 가지고 가지 않아도 됩니다.

楽しみ
たの

낙, 즐거움

- 今度 お会い できる 時を 楽しみに して います。
다음에 만나 뵐 때를 기대하고 있겠습니다.

食べ物
た　もの

음식

- 電車の 中では 食べ物を 食べないで ください。
전철 안에서는 음식을 먹지 말아 주세요.

近く
ちか

근처

- 会社の 近くまで 来て いますが、寄っても いいですか。
회사 근처까지 와 있는데, 들러도 되겠습니까?

つもり

생각

- 夏休みの 間には 何を する つもりですか。
여름 방학 동안에는 무엇을 할 생각입니까?

てんぷら

튀김

- てんぷらは 私の 大好物です。
튀김은 내가 제일 좋아하는 음식입니다.

♠ 大好物(だいこうぶつ) 제일 좋아하는 음식, 또는 일

匂い
にお

냄새

- 私は パンを 焼く 香ばしい 匂いが 好きです。
나는 빵을 굽는 고소한 냄새가 좋습니다.

の もの
飲み物
음료수

- 何か 飲み物でも 飲みましょうか。
  무언가 음료수라도 마실까요?

の もの
乗り物
탈것

- 私は 乗り物に 弱いです。
  나는 놀이 기구에 약합니다.

は
晴れ
(날씨가) 갬, 맑음

- 今日は 晴れ のち 曇です。
  오늘은 맑은 후 흐려집니다.

♠ のち (시간적으로) 후, 뒤, 나중

ひ だ
引き出し
서랍

- 引き出しの 中には 名刺と 手帳が 入って います。
  서랍 안에는 명함과 수첩이 들어 있습니다.

ひさ
久しぶり
오래간만

- 友人と 久しぶりに 会って おしゃべりを しました。
  친구와 오랜만에 만나서 수다를 떨었습니다.

ひるやす
昼休み
점심식사 후의 휴식

- 眠かったので 昼休みの 時間を 利用して 昼寝しました。
  졸려서 점심시간을 이용해 낮잠을 잤습니다.

まつ
祭り
축제, 제사

- 京都の 祇園祭りは 日本 三大 祭りの 一つです。
  교토의 기온 마츠리는 일본 3대 마츠리 중 하나입니다.

真ん中
ま なか

한가운데

- その 真ん中に 座って いる 人は 誰ですか。
ま なか すわ ひと だれ

  그 한가운데에 앉아 있는 사람은 누구입니까?

◆ 座(すわ)る 앉다

皆さん
みな

여러분

- 皆さん、お久しぶりです。また お会い できて
みな ひさ あ

  嬉しいです。
うれ

  여러분 오랜만입니다. 또 만나 뵙게 되어서 기쁩니다.

向う
むこ

맞은편

- 郵便局の 向う 側には 銀行が あります。
ゆうびんきょく むこ がわ ぎんこう

  우체국 맞은편에는 은행이 있습니다.

休み
やす

쉬는 날, 휴일

- 休みの 日には 何を しますか。
やす ひ なに

  쉬는 날에는 무엇을 합니까?

夕べ
ゆう

어젯밤

- 夕べ、何時に 寝ましたか。
ゆう なんじ ね

  어젯밤 몇 시에 잤습니까?

忘れ物
わす もの

분실물

- ただいま 電車が 止ります。お忘れ物 ない ように
でんしゃ とま わす もの

  もう 一度 確認して ください。
いちど かくにん

  지금 곧 전철이 멈춥니다. 잊은 물건이 없도록 다시 한 번 확인해 주세요.

わけ

뜻, 의미

- 彼女は わけの 分からない ことを 言って いる。
かのじょ わ い

  그녀를 알 수 없는 말을 하고 있다.

Part 3

い형용사 い形容詞

いけいようし

사물의 성질이나 상태를 나타내는 말입니다.
기본형의 어미는 'い'이며, 어간은 변하지 않고 어미만 활용합니다.
특히 한자 읽기에 주의해서 학습하시길 바랍니다.

あお
青い

파랗다

- **と かい　　　そら　　　　　　　　あお**
  都会の 空は あまり 青く ありません。
  도시의 하늘은 그다지 파랗지 않습니다.

あか
赤い

빨갛다

- **は　　　　　　　　かお　あか**
  恥ずかしくて、顔が 赤く なりました。
  부끄러워서 얼굴이 빨개졌습니다.

- ♣ 恥(は)ずかしい 부끄럽다
- ♣ 顔(かお)が赤(あか)くなる 얼굴이 빨개지다

あか
明るい

밝다

- **　　　　　あか　　　　ひと**
  いつも 明るい 人に なりたいです。
  항상 밝은 사람이 되고 싶습니다.

あさ
浅い

얕다, 정도가 낮다

- **　　かわ　あさ　　　　　およ　　　　ひと　　　だいじょうぶ**
  この 川は 浅いから、泳げない 人でも 大丈夫です。
  이 강은 얕아서 수영을 못하는 사람도 괜찮습니다.

- ♣ 泳(およ)げない 수영을 못하다 「泳(およ)ぐ 수영하다. 헤엄치다」의 가능부정

あたた
暖かい
あたた
温かい

따뜻하다

- **　　　　　　はい　　　　　あたた　　　　　　　　　　　の**
  どこかに 入って、温かい コーヒーでも 飲みましょう。
  어디든 들어가서 따뜻한 커피라도 마시죠.

- **きょう　　　あたた　　　　　　てんき**
  今日は 暖かくて いい 天気です。
  오늘은 따뜻하고 좋은 날씨입니다.

新しい
あたら

새롭다

- 明日から 新しい 生活が 始まります。
  あした　　　あたら　　　せいかつ　　はじ

  내일부터 새로운 생활이 시작됩니다.

暑い
あつ

덥다

- 今年の 夏は 去年より 暑いです。
  ことし　なつ　　きょねん　　あつ

  올 여름은 작년보다 덥습니다.

熱い
あつ

뜨겁다

- 鍋が 熱いので 気を つけて ください。
  なべ　あつ　　　き

  냄비가 뜨거우므로 주의하세요.

➜ 気(き)をつける 주의하다

厚い
あつ

두껍다

- 今日は 寒いから 厚い 靴下を 履いて きました。
  きょう　さむ　　　あつ　くつした　は

  오늘은 추우니까 두꺼운 양말을 신고 왔습니다.

➜ 靴下(くつした)を履(は)く 양말을 신다

危ない
あぶ

위험하다

- 危ない 遊びは しないで ください。
  あぶ　　　あそ

  위험한 놀이는 하지 마세요.

甘い
あま

달다, 달콤하다

- 私は 甘くて 美味しい ケーキが 好きです。
  わたし　あま　　おい　　　　　　　　す

  나는 달고 맛있는 케이크를 좋아합니다.

- 甘い 言葉に 騙されない ように しましょう。
  あま　ことば　　だま

  달콤한 말에 속지 않도록 하세요.

いい・良い
좋다

- 彼は 頭が いいです。
かれ　あたま
그는 머리가 좋습니다.

- 今年も 良い 年に なります ように。
ことし　よ　とし
올해도 좋은 해가 되길.

忙しい
いそが
바쁘다

- どんなに 忙しくても 食事は 欠かさないで ください。
いそが　しょくじ　か
아무리 바빠도 식사는 거르지 마세요.

- 話す 時間が ない ほど 忙しいです。
はな　じかん　いそが
말할 시간이 없을 정도로 바쁩니다.

痛い
いた
아프다

- 重い 荷物を 持ってきた せいか、腰が 痛いです。
おも　にもつ　も　こし　いた
무거운 짐을 들고 와서인지 허리가 아픕니다.

薄い
うす
얇다

- 薄くて 軽い ノートパソコンが 欲しいです。
うす　かる　ほ
얇고 가벼운 노트북을 갖고 싶습니다.

美しい
うつく
아름답다

- 新婚夫婦の 部屋が 美しい 花で 飾られて います。
しんこんふうふ　へや　うつく　はな　かざ
신혼부부의 집이 아름다운 꽃으로 장식되어 있습니다.

♠ 飾(かざ)られる 장식되다, 「飾(かざ)る 장식하다, 꾸미다」의 수동

うまい
맛있다

- 母の 作った 肉じゃがは いつ 食べても うまいです。
はは　つく　にく　た
엄마가 만드신 고기감자조림은 언제 먹어도 맛있습니다.

♠ 肉(にく)じゃが 소고기나 돼지고기와 감자, 양파 등을 넣고 간장이나 설탕으로 조린 요리

うるさい

시끄럽다, 까다롭다

- 周<small>まわ</small>りが うるさいので、電話<small>でんわ</small>の 声<small>こえ</small>が 聞<small>き</small>こえません。
  주위가 시끄러워서 전화 소리가 잘 들리지 않습니다.
- うちの 旦那<small>だんな</small>は 味<small>あじ</small>に うるさいです。
  우리 남편은 반찬투정이 심합니다(맛에 까다롭습니다).

嬉<small>うれ</small>しい

기쁘다

- みなさんに お会<small>あ</small>いできて 本当<small>ほんとう</small>に 嬉<small>うれ</small>しいです。
  모두를 만나 뵙게 되어서 정말 기쁩니다.

美味<small>おい</small>しい

(음식이) 맛있다

- 彼女<small>かのじょ</small>の 手料理<small>てりょうり</small>は 本当<small>ほんとう</small>に 美味<small>おい</small>しいです。
  그녀의 손수 만든 요리는 정말 맛있습니다.
- ♠ 手料理(てりょうり) 손수 만든 요리, 집에서 만든 가정요리

多<small>おお</small>い

많다

- この 川<small>かわ</small>には 水<small>みず</small>が 綺麗<small>きれい</small>で 魚<small>さかな</small>も 多<small>おお</small>いです。
  이 강에는 물이 맑아서 고기도 많습니다.
- 日本<small>にほん</small>で 一番<small>いちばん</small>多<small>おお</small>い 男性<small>だんせい</small>の 名前<small>なまえ</small>は 「ヒロシ」です。
  일본에서 가장 많은 남성 이름은 '히로시' 입니다.

大<small>おお</small>きい

(용적, 면적, 형체가) 크다

- 大<small>おお</small>きい 熊<small>くま</small>の ぬいぐるみが 欲<small>ほ</small>しいです。
  큰 곰돌이 인형이 갖고 싶습니다.

おかしい

이상하다, 우습다

- 犬<small>いぬ</small>の しぐさが おかしくて、皆<small>みんな</small> 大笑<small>おおわら</small>いしました。
  강아지의 동작이 우수워서 모두 폭소를 터트렸습니다.
- ♠ しぐさ 무슨 일을 할 때의 동작이나 표정, 태도
- ♠ 大笑(おおわら)いする 크게 웃다

遅い
おそ

느리다

- 遅くなっても いいですから、ぜひ 来て ください。
  늦어도 좋으니까 꼭 와 주세요.

重い
おも

무겁다

- カバンに 荷物を いっぱい 積めたら、重く なりました。
  가방에 짐을 많이 넣었더니 무거워졌습니다.

面白い
おもしろ

재미있다

- 彼は なかなか 面白い ことを 言います。
  그는 꽤 재미있는 말을 합니다.

- 映画は 思ったより 面白く ありませんでした。
  영화는 생각보다 재미있지 않았습니다.

固い・堅い・硬い
かた　かた　かた

딱딱하다

- この パンは 硬くて 食べられません。
  이 빵은 딱딱해서 먹을 수 없습니다.

  ♣ 食(た)べられない 먹을 수 없다, 「食(た)べる 먹다」의 가능부정

悲しい
かな

슬프다

- 可愛がっていた 犬が 死んで、とても 悲しいです。
  귀여워했던 강아지가 죽어서 아주 슬픕니다.

  ♣ 可愛(かわい)がる 귀여워하다
  ♣ とても 매우, 대단히

辛い
から

맵다

- 辛い 食べ物は 大丈夫ですか。
  매운 음식은 괜찮습니까?

軽い

かる
軽い

가볍다

- 今夜 軽く 一杯 やりませんか。
  こんや　かる　　いっぱい
  오늘 밤에 가볍게 한 잔 하실래요?

- 私を 軽く 見ないで ください。
  わたし　かる　み
  저를 가볍게 보지 마세요.

かわい
可愛い

귀엽다

- 私には かわいい 妹が います。
  わたし　　　　　　　いもうと
  저는 귀여운 여동생이 있습니다.

- 犬に かわいい 名前を つけて あげました。
  いぬ　　　　　　なまえ
  강아지에게 귀여운 이름을 붙여주었습니다.

き いろ
黄色い

노랗다

- みかんを たくさん 食べると 手が 黄色く なります。
  た　　て　きいろ
  감을 많이 먹으면 손이 노래집니다.

きたな
汚い

더럽다

- 部屋が 汚くて、友達も 呼べません。
  へや　きたな　　ともだち　よ
  방이 더러워서 친구도 못 부릅니다.

- 汚いのが 嫌いで、毎日 掃除して います。
  きたな　　きら　　まいにちそうじ
  더러운 것이 싫어서 매일 청소를 합니다.

きび
厳しい

엄하다

- 私の 父は しつけに 厳しい 人です。
  わたし　ちち　　　　　きび　　ひと
  나의 아버지는 예의범절에 엄격하신 분입니다.

くら
暗い

어둡다

- 暗い 部屋での 読書は 目に 良く ありません。
  くら　へや　　どくしょ　め　よ
  어두운 방에서 하는 독서는 눈에 좋지 않습니다.

- 彼の 性格は 暗いです。
  かれ　せいかく　くら
  그의 성격은 어둡습니다.

黒い
くろ

검다

- 私は 黒くて 真っ直ぐな 髪に 憧れて います。
  わたし くろ ま す かみ あこが
  나는 검고 곧은 머리를 동경합니다.

♠ 真(ま)っ直(す)ぐ 똑바름
♠ 憧(あこが)れる 동경하다

細かい
こま

작다, 상세하다

- 先生が 細かい ことまで 説明して くれたので 分かり
  せんせい こま せつめい わ
  やすかったです。
  선생님이 작은 부분까지 설명해 주셔서 이해하기 쉬웠습니다.

怖い
こわ

무섭다

- この 乗り物は 怖くて とても 乗れません。
  の もの こわ の
  이 놀이기구는 무서워서 도저히 타지 못하겠습니다.

♠ 乗(の)れない 탈 수 없다 「乗(の)る 타다」의 가능부정

寂しい
さび

(외로워서) 쓸쓸하다

- 子供の 頃 両親が 亡く なって、寂しい 思いを
  こども ころ りょうしん な さび おも
  しました。
  어렸을 적, 부모님이 돌아가셔서, 외로운 느낌을 경험했습니다.

寒い
さむ

춥다

- 北海道の 冬は 寒いです。
  ほっかいどう ふゆ さむ
  홋카이도의 겨울은 춥습니다.

- 寒いのは 苦手です。
  さむ にがて
  추위에는 약합니다.

白い
しろ

하얗다

- 白くて 綺麗な 肌に なりたくて、毎日努力して
  しろ きれい はだ まいにちどりょく
  います。
  하얗고 깨끗한 피부를 갖고 싶어서, 매일 노력하고 있습니다.

少ない
すく

적다

- ユリさんは 家族が 少ないです。
かぞく　すく
  유리 씨는 가족이 적습니다.

すごい

굉장하다

- 彼女の 英語の 実力は すごいです。
かのじょ　えいご　じつりょく
  그녀의 영어 실력은 굉장합니다.

涼しい
すず

시원하다, 선선하다

- 秋は 涼しくて 好きです。
あき　すず　　す
  가을은 선선해서 좋아합니다.

- 窓から 涼しい 風が 入って きます。
まど　すず　かぜ　はい
  창으로부터 시원한 바람이 들어옵니다.

素晴らしい
すば

훌륭하다

- 展示会には 素晴らしい 作品が いっぱい ありました。
てんじかい　すば　さくひん
  전시회에는 훌륭한 작품이 많이 있었습니다.

挟い
せま

좁다

- 私の 部屋は 安いですが 挟いです。
わたし　へや　やす　せま
  내 방은 싸지만 좁습니다.

- 世間は 広いようで 挟いです。
せけん　ひろ　せま
  세상은 넓은듯 하지만 좁습니다.

高い
たか

(키가) 크다, 높다, 비싸다

- 背が 高い 人は 手も 大きいです。
せ　たか　ひと　て　おお
  키가 큰 사람은 손도 큽니다.

- 高い 所が 苦手です。
たか　ところ　にがて
  높은 곳은 질색입니다.

正しい
<ruby>正<rt>ただ</rt></ruby>しい

옳다, 올바르다

- <ruby>機械<rt>きかい</rt></ruby>は <ruby>正<rt>ただ</rt></ruby>しく <ruby>使<rt>つか</rt></ruby>って ください。
  기계는 올바로 사용하세요.

楽しい
<ruby>楽<rt>たの</rt></ruby>しい

즐겁다

- <ruby>森<rt>もり</rt></ruby>さんと <ruby>一緒<rt>いっしょ</rt></ruby>に <ruby>話<rt>はな</rt></ruby>す ことが できて、とても <ruby>楽<rt>たの</rt></ruby>しかったです。
  모리 씨와 함께 이야기할 수 있게 돼서 정말 즐거웠습니다.

小さい
<ruby>小<rt>ちい</rt></ruby>さい

작다

- <ruby>私<rt>わたし</rt></ruby>には <ruby>小<rt>ちい</rt></ruby>さい <ruby>子供<rt>こども</rt></ruby>が <ruby>3人<rt>さんにん</rt></ruby> います。
  나는 작은 애가 3명 있습니다.

近い
<ruby>近<rt>ちか</rt></ruby>い

가깝다

- うちの <ruby>学校<rt>がっこう</rt></ruby>は <ruby>家<rt>いえ</rt></ruby>から <ruby>近<rt>ちか</rt></ruby>いです。
  우리 학교는 집에서 가깝습니다.

つまらない

재미없다

- <ruby>一日中<rt>いちにちじゅう</rt></ruby> テレビを <ruby>見<rt>み</rt></ruby>て いるのも つまらないので、<ruby>散歩<rt>さんぽ</rt></ruby>に <ruby>出<rt>で</rt></ruby>かける ことに しました。
  하루 종일 텔레비전을 보고 있는 것도 따분해져서, 산책 나가기로 했습니다.

冷たい
<ruby>冷<rt>つめ</rt></ruby>たい

차다, 차갑다

- <ruby>喉<rt>のど</rt></ruby>が <ruby>乾<rt>かわ</rt></ruby>いた ときは、<ruby>冷<rt>つめ</rt></ruby>たい <ruby>水<rt>みず</rt></ruby>を <ruby>飲<rt>の</rt></ruby>むのが <ruby>一番<rt>いちばん</rt></ruby>です。
  목이 마를 때는 차가운 물을 마시는 것이 제일입니다.

強い
つよ

강하다

- 野球が 強い 高校は どこですか。
  やきゅう つよ こうこう
  야구가 강한 고등학교는 어디입니까?

遠い
とお

멀다

- 駅は 私の 家から かなり 遠いです。
  えき わたし うち とお
  역은 우리 집에서 꽤 멉니다.

- 彼女は 私の 遠い 親戚です。
  かのじょ わたし とお しんせき
  그녀는 나의 먼 친척입니다.

ない

없다

- デパートに 買い物に 行きましたが、欲しいもの
  か もの い ほ
  が なかった。
  백화점 쇼핑하러 갔지만 원하는 물건이 없었다.

長い
なが

길다

- 子供の 頃は、クリスマスに 長い 靴下を 飾りました。
  こども ころ なが くつした かざ
  어렸을 때는 크리스마스 날에 긴 양말을 장식했습니다.

苦い
にが

쓰다

- 苦い 薬は 飲みにくいです。
  にが くすり の
  쓴 약은 먹기 힘듭니다.

- 薬(くすり)を飲(の)む 약을 먹다 먹다의 뜻인 동사 食(た)べる를 쓰지
  않도록 주의

眠い
ねむ

졸리다

- 夕べ 遅くまで テレビを 見て いたので、今朝は
  ゆう おそ み けさ
  眠いです。
  ねむ
  어제 늦게까지 텔레비전을 봐서 오늘 아침은 졸립니다.

恥ずかしい
は

부끄럽다

- 駅の 階段で 転んで、とても 恥ずかしかったです。
  역 계단에서 굴러서 너무 부끄러웠습니다.

↟ 転(ころ)ぶ 구르다, 넘어지다

早い
はや

빠르다, 이르다

- 怪我を した 人が います。早く 来て ください。
  상처 입은 사람이 있습니다. 빨리 와 주세요.

- 今日は 朝 早く 起きて 勉強を しました。
  오늘은 아침 일찍 일어나 공부를 했습니다.

速い
はや

빠르다

- うさぎと かめの 話では、うさぎの 方が 足が 速いで
  すが、結局は かめが 勝ちます。
  토끼와 거북이 이야기에서는 토끼 쪽이 다리는 빠르지만 결국 거북이가
  이깁니다.

低い
ひく

(키가) 작다, 낮다

- 木村さんは 背が 低くて 眼鏡を かけて います。
  기무라 씨는 키가 작고 안경을 쓰고 있습니다.

- 金利が 低い キャッシングが あります。
  이자가 낮은 현금인출이 있습니다.

ひどい

심하다

- そんな ことを 言う なんて、ちょっと ひどいと 思い
  ませんか。
  그런 말을 하다니 좀 심하단 생각 안 듭니까?

広い
ひろ

넓다

- どうせ 勉強するなら 綺麗で 広い 図書館が いいです
  어차피 공부 하는 것이라면 깨끗하고 넓은 도서관이 좋습니다.

- 彼女は 行動範囲が 広いです。
  그녀는 행동범위가 넓습니다.

深い
<ruby>深<rt>ふか</rt></ruby>い

깊다

- <ruby>川<rt>かわ</rt></ruby>の <ruby>深<rt>ふか</rt></ruby>い <ruby>所<rt>ところ</rt></ruby>は とても <ruby>危険<rt>きけん</rt></ruby>です。
  강의 깊은 곳은 매우 위험합니다.

太い
<ruby>太<rt>ふと</rt></ruby>い

굵다

- <ruby>私<rt>わたし</rt></ruby>は <ruby>太<rt>ふと</rt></ruby>い <ruby>足<rt>あし</rt></ruby>が <ruby>恥<rt>は</rt></ruby>ずかしいです。
  저는 굵은 다리가 부끄럽습니다.

古い
<ruby>古<rt>ふる</rt></ruby>い

낡다, 오래되다

- <ruby>今<rt>いま</rt></ruby>も <ruby>古<rt>ふる</rt></ruby>い <ruby>校舎<rt>こうしゃ</rt></ruby>で <ruby>勉強<rt>べんきょう</rt></ruby>して います。
  지금도 낡은 학교건물에서 공부하고 있습니다.
- あの <ruby>人<rt>ひと</rt></ruby>とは <ruby>古<rt>ふる</rt></ruby>い <ruby>付<rt>つ</rt></ruby>き<ruby>合<rt>あ</rt></ruby>いです。
  저 사람과는 만난 지 오래됐습니다.

欲しい
<ruby>欲<rt>ほ</rt></ruby>しい

갖고 싶다

- <ruby>誕生日<rt>たんじょうび</rt></ruby>に <ruby>何<rt>なに</rt></ruby>か <ruby>欲<rt>ほ</rt></ruby>しい ものが ありますか。
  생일에 뭐 갖고 싶은 것이 있습니까?
- この <ruby>問題<rt>もんだい</rt></ruby>を <ruby>解<rt>と</rt></ruby>いて <ruby>欲<rt>ほ</rt></ruby>しいです。
  이 문제를 풀어봐 주세요.

細い
<ruby>細<rt>ほそ</rt></ruby>い

가늘다

- <ruby>太<rt>ふと</rt></ruby>くて <ruby>短<rt>みじか</rt></ruby>い <ruby>人生<rt>じんせい</rt></ruby>より、<ruby>細<rt>ほそ</rt></ruby>くて <ruby>長<rt>なが</rt></ruby>い <ruby>人生<rt>じんせい</rt></ruby>を <ruby>望<rt>のぞ</rt></ruby>みます。
  굵고 짧은 인생보다 얇고 긴 인생을 희망합니다.

♠ ～より ～보다
♠ <ruby>望<rt>のぞ</rt></ruby>む 바라다, 원하다

まずい

맛없다

- この <ruby>店<rt>みせ</rt></ruby>の ラーメンは まずくて <ruby>二度<rt>にど</rt></ruby>と <ruby>食<rt>た</rt></ruby>べたくないです。
  이 가게의 라면은 맛이 없어서 두 번 다시 먹고 싶지 않습니다.

まる **丸い** 둥글다	• まず、丸く 輪に なって ください。 먼저 둥글게 원을 그려 주세요. • あの 丸い ドーナツの 名前は 何ですか。 저 둥근 도넛 이름은 무엇입니까?
みじか **短い** 짧다	• 日本では、子供は 冬でも 短い ズボンを はきます。 일본에서, 어린이는 겨울에도 짧은 바지를 입습니다.
むずか **難しい** 어렵다	• これは なかなか 難しい 問題です。 이것은 꽤 어려운 문제입니다.
めずら **珍しい** 드물다, 신기하다	• 動物園には 珍しい 動物が たくさん います。 동물원에는 신기한 동물이 많이 있습니다.
やさ **易しい** 쉽다	• 最初だから 易しい 問題から 行きましょう。 처음이니까 쉬운 문제부터 풀어봅시다.
やさ **優しい** 상냥하다, 마음씨가 곱다	• 彼は 誰にでも 優しいです。 그는 누구에게도 친절합니다. • 吉田さんの 心は 優しいです。 요시다 씨는 마음씨가 곱습니다.

安い
やす

싸다

- いつも セールで 買った 安い コートを 着て います。
  か　　　　　　　　　　　　　やす　　　　　　　　き
  항상 세일에서 산 싼 코트를 입고 있습니다.

- ♠ セール 세일
- ♠ コート 코트

柔らかい
やわ

부드럽다

- 焼き立ての パンは 柔らかくて 美味しいです。
  や　た　　　　　　　　やわ　　　　　　おい
  막 구운 빵은 부드럽고 맛있습니다.

- ♠ 焼(や)き立(た)て 막 구운
- ♠ 焼(や)く 굽다
- ♠ 〜たて 갓 〜한, 〜해서 얼마 안 된

よろしい

좋다

- 相談したい ことが ありますが、ちょっと よろしいですか。
  そうだん
  상담하고 싶은 것이 있습니다만, 좀 괜찮으십니까?

- ♠ 相談(そうだん)する 상담하다

弱い
よわ

약하다

- 私は 子供の 頃は 体が 弱かったです。
  わたし　こども　ころ　からだ　よわ
  나는 어렸을 때 몸이 약했습니다.

- 私は 特に 英語が 弱いです。
  わたし　とく　えいご　よわ
  저는 특히 영어가 약합니다.

若い
わか

젊다, 나이가 어리다

- お爺さんは お酒を 飲む たび、若い ころの 話を よく します。
  じい　　　さけ　の　　　　わか　　　　　はなし
  할아버지는 술을 마실 때면, 젊었을 적 이야기를 자주 합니다.

- 彼は 私より 3つ 若いです。
  かれ　わたし　　みっ　わか
  그는 나보다 3살 어립니다.

悪い
わる

나쁘다

- 体に 悪いから、タバコは 止めた 方が いいです。
  からだ　わる　　　　　　　　や　　ほう
  몸에 안 좋으니까 담배는 끊는 게 좋습니다.

하루 10분
일본어능력시험

N3
N4
N5

NEW
일본어
단어장

Part 4

な형용사 な形容詞

なけいようし

사물의 성질이나 상태를 나타내는 말입니다.
기본형의 어미는 'だ'이며 어간은 변하지 않고 어미만 활용합니다.
'형용동사'라고 말하기도 합니다.

な형용사 な形容詞

あんぜん
安全

안전함

- 地震が 起きたら 安全な 場所に 避難して ください。
  지진이 일어나면 안전한 장소로 피해 주세요.
- ♠ 地震(じしん)が起(お)きる 지진이 일어나다
- ♠ 避難(ひなん)する 피난하다

いや
嫌

싫음

- 歩きながら タバコを 吸う 人は 嫌です。
  걸으면서 담배를 피우는 사람은 싫습니다.
- ♠ ~ながら ~하면서
- ♠ タバコを吸(す)う 담배를 피우다

いろいろ

여러 가지임

- いろいろ お世話に なりました。
  여러 가지로 신세졌습니다.
- ♠ お世話(せわ)になる 신세를 지다

おな
同じ

똑같음

- 私のような 人は 勉強しても しなくても 同じです。
  저 같은 사람은 공부해도 하지 않아도 똑같습니다.
- ♠ 同(おな)じな+명사 라고는 하지 않음

かんたん
簡単

간단함

- 明日 簡単な テストが ありますから、勉強して 来て
  ください。
  내일 간단한 시험이 있을 거니까 공부하고 오세요.

危険
き けん
위험함

● ライオンの 檻に 手を 伸ばすと 危険ですから
注意して ください。
사자의 우리에 손을 뻗으면 위험하니까 주의 하세요.

4
な形容詞

急
きゅう
긴급함, 갑작스러움

● 急な 用事が できて しまって 明日は 行け
そうもないです。
급한 용무가 생겨버려서 내일은 갈 수 있을 것 같지 않습니다.

嫌い
きら
싫어함↔好き

● 私は みそしるに 入って いる ネギが 嫌いです。
나는 된장국에 들어 있는 파를 싫어합니다.

綺麗
き れい
예쁨, 깨끗함 ↔ 汚い

● バラの 花が とても 綺麗です。
장미꽃이 아주 예쁩니다.

● パクさんは 声が 綺麗なので アナウンサーに なりた
がって います。
박00 씨는 목소리가 깨끗해서 아나운서가 되고 싶어합니다.

結構
けっこう
괜찮음, 충분함

● 印鑑が なければ サインでも 結構です。
인감이 없으면 사인으로도 충분합니다.

● 「もう ちょっと いかがですか。」「いいえ もう 結構です。」
"좀 더 어떠세요?" "아니요. 이제 됐습니다."

元気
げん き
건강함, 기력

● 父は 田舎で 元気に 暮して います。
아버지는 시골에서 건강하게 살고 있습니다.

● なんだか 元気が ないですね。どうしたんですか。
웬지 기운이 없어 보이시네요. 무슨 일이세요?

盛ん
さか

왕성함

● 日本では 野球が 盛んです。
に ほん　　　　 や きゅう　 さか

일본에서는 야구가 성행합니다.

残念
ざんねん

유감스러움

● 待ちに待った 遠足が 雨で 中止となって、本当に
ま　 ま　　　　 えんそく　 あめ　 ちゅうし　　　　　 ほんとう
残念です。
ざんねん

기다리고 기다리던 소풍이 비로 중지가 되어 정말로 유감입니다.

静か
しず

조용함 ↔ 賑やか
にぎ

● 私が 住んで いる 町は 静かで きれいな 所です。
わたし　 す　　　　　　　 まち　 しず　　　　　　　　 ところ

내가 살고 있는 마을은 조용하고 깨끗한 곳입니다.

邪魔
じゃ ま

거추장스러움

● 前髪が 長くて 邪魔なので、鏡を 見ながら 自分で
まえがみ　 なが　　 じゃま　　　　　 かがみ　 み　　　　　 じぶん
切りました。
き

앞머리가 길어 귀찮아서 거울을 보면서 스스로 잘랐습니다.

自由
じ ゆう

자유로움

● 何年 習って いても 英語を 自由に 話せない 人が
なんねん なら　　　　　　 えい ご　 じ ゆう　 はな　　　　 ひと
多いです。
おお

몇 년을 배워도 영어를 자유롭게 말할 수 없는 사람이 많습니다.

十分
じゅう ぶん

충분함 ↔ 不十分
ふじゅうぶん

● 昨夜 十分に 寝たので、今朝は すっきりした 気分で
さくや じゅうぶん　 ね　　　　　 けさ　　　　　　　　　　 きぶん
仕事が できます。
し ごと

어젯밤 충분히 자서 오늘 아침은 상쾌한 기분으로 일이 가능합니다.

上手 じょうず
능숙함 ↔ 下手 へた

- 「キムさんは 日本語が お上手ですね。」
「いいえ それほどでも ありません。」
"김00 씨는 일본어를 잘하시네요."
"아니요, 그 정도는 아닙니다."

丈夫 じょうぶ
튼튼함

- その 机より この 机の 方が 丈夫そうですね。
그 책상보다 이 책상 쪽이 튼튼한 것 같습니다.

心配 しんぱい
걱정스러움

- 鳥インフルエンザは 学校で 飼っている 鳥から
感染する 心配が あります。
조류독감은 학교에서 기르고 있는 새로부터 감염될 우려가 있습니다.

好き す
좋아함

- 私が 好きな スポーツは 野球です。
내가 좋아하는 스포츠는 야구입니다.

大事 だいじ
중요함, 소중함

- この 指輪は 母の 大事な 宝物です。
이 반지는 어머니의 소중한 보물입니다.

- 指輪(ゆびわ) 반지
- 宝物(たからもの) 보물

大丈夫 だいじょうぶ
괜찮음

- もう 大丈夫です。心配は 要りません。
이제 괜찮습니다. 걱정은 필요 없습니다.

- 心配(しんぱい) 근심, 걱정, 염려
- 要(い)る 필요하다

大好き
だい す

매우 좋아함

- 私は 日本の 漫画が 大好きです。
わたし　にほん　まんが　だいす
나는 일본 만화를 아주 좋아합니다.

大切
たいせつ

중요함

- 母は 私に とって 一番 大切な 人です。
はは　わたし　　　　　　いちばんたいせつ　ひと
어머니는 나에게 있어서 가장 중요한 사람입니다.

大変
たい へん

대단함, 힘듦

- 仕事が 忙しくて、毎日 大変です。
しごと　いそが　　　　　まいにち たいへん
일이 바빠서 매일 힘듭니다.

たくさん

많음, 충분함

- 今年の 誕生日は たくさんの 友人に お祝いして
ことし　たんじょうび　　　　　　ゆうじん　　いわ
もらいました。
올 생일은 많은 친구가 축하해 주었습니다.

確か
たし

확실함

- より 確かな 情報を 求めて、興信所に 調査を 依頼
たし　じょうほう　もと　　こうしんじょ　ちょうさ　いらい
しました。
더욱 확실한 정보를 원해 흥신소에 조사를 의뢰했습니다.

駄目
だ め

안됨

- 明日は 台風らしいです。運動会は 駄目かも 知れま
あした　たいふう　　　　　　うんどうかい　だ め　　し
せんね。
내일은 태풍이 올 것 같습니다. 운동회는 무리일지 모르겠네요.

✦ 台風(たいふう) 태풍
✦ ～かもしれない　～일지도 모른다

丁寧 <small>てい ねい</small>

정중함

● 部長から「いっぱいどう?」と 誘われましたが、 体
の 具合いが よくないので、 丁寧に 断りました。

부장님으로부터 "한 잔 어때?" 하고 제안을 받았지만, 몸 상태가 좋
지 않아서 정중하게 거절했습니다.

適当 <small>てき とう</small>

적당함

● 無理を しないで、 年齢に 合った 適当な 運動を
選んで するのが いい。

무리하지 않고 연령에 맞는 적당한 운동을 선택해서
하는 것이 좋다.

特別 <small>とく べつ</small>

특별함

● 盲導犬は 目の 不自由な 人の 歩行を 助ける
ために 特別に 訓練された 犬です。

시각장애인 안내견은 시각장애인의 보행을 돕기 위해 특별히
훈련된 개입니다.

賑やか <small>にぎ</small>

번화함 ↔ 静か <small>しず</small>

● 銀座通りは いつも 賑やかです。

긴자 거리는 항상 번화합니다.

熱心 <small>ねっ しん</small>

열심임

● 新入社員の 中で、 西田さんが 一番 熱心に 仕事を
します。

신입사원 중에서 니시다 씨가 가장 열심히 일을 합니다.

久しぶり <small>ひさ</small>

오래간만임

● 母の 誕生日を 祝う ために、 久しぶりに 家に 帰
って きました。

어머니의 생신을 축하하기 위해 오랜만에 집에 돌아왔습니다.

ひつよう
必要
필요함

- 旅行の 前に 必要な ものを 準備して おきます。
  여행 전에 필요한 물건을 준비해 둡니다.

ひま
暇
한가함

- 日曜日 暇だったら、一緒に 映画でも 見に 行きませんか。
  일요일에 시간 있으시면, 함께 영화라도 보러 가지 않겠습니까?

ふくざつ
複雑
복잡함 ↔ 簡単 (かんたん)

- この 問題集は 複雑すぎて 何が 重要なのか さっぱり 分かりません。
  이 문제집은 너무 복잡해서 무엇이 중요한지 잘 모르겠습니다.

ふべん
不便
불편함

- この 部屋は 駅から 遠くて 不便ですが、安いので 借りる ことに しました。
  이 방은 역에서 멀어 불편하지만, 싸서 빌리기로 했습니다.

へた
下手
서투름

- 私は 野球が 下手じゃ ありません。
  난 야구를 못하지 않습니다.

へん
変
이상함

- 電車の 中で 変な 人に 会いました。
  전철 안에서 이상한 사람을 만났습니다.

便利
べん り

편리함

- インターネットで 検索すれば 必要な 情報が すぐ
  けんさく   ひつよう じょうほう
  手に はいるので とても 便利です。
  て   べん り
  인터넷으로 검색하면 필요한 정보가 바로 손에 들어오기 때문에 매우 편리합니다.

真面目
ま じ め

성실함, 진지함

- いくら 真面目に 仕事を しても、上司が なか
  ま じ め しごと   じょうし
  なか認めて くれません。
  み と
  아무리 성실하게 일해도 상사가 좀처럼 인정해 주지 않습니다.

4 な形容詞

無理
む り

무리임

- その 仕事は 私には 無理です。
  しごと わたし   む り
  이 일은 나에게는 무리입니다.

迷惑
めい わく

폐, 성가심

- 他人に 迷惑を かけない ように しましょう。
  た にん めいわく
  타인에게 폐를 끼치지 않도록 합시다.

🌱 迷惑(めいわく)をかける 폐를 끼치다

有名
ゆう めい

유명함

- ハンさんは 有名な タレントです。
           ゆうめい
  한○○ 씨는 유명한 탤런트입니다.

立派
りっ ぱ

훌륭함

- 立派な 贈り物を どうも ありがとう ございました。
  りっぱ おく もの
  훌륭하신 선물 대단히 감사드립니다.

하루 10분
일본어능력시험

N3
N4
N5

NEW
일본어
단어장

Part 5

동사 **動詞**

どうし

사물의 동작이나 작용 또는 존재 등을 나타내는 말입니다.
동사 훈독 문제는 매년 2문제 정도 출제 되고 있으므로
한자 읽기에 주의해서 학습하시길 바랍니다.

동사 動詞

会う
만나다

- 買い物に 行く 途中、道で 偶然 先生に 会いました。
  쇼핑 하러 가는 도중에, 길에서 우연히 선생님을 만났습니다.

♠ 雨(あめ)に 会(あ)う 비를 만나다
♠ 会(あ)うは 別(わか)れの 始(はじ)め 만남은 헤어짐의 시작(회자정리)

合う
맞다, 일치하다

- 彼と 目が 合う 度に、胸が ドキドキします。
  그와 눈이 마주칠 때마다 가슴이 두근거립니다.

♠ ~度(たび)に (흔히 동사의 ます형에 붙여) ~할 때마다, ~할 적마다

遭う
만나다, 당하다

- 傘を 持って いなかったのに 大雨が 降って きて、
  昨日は 本当に ひどい 目に 遭いましたよ。
  우산을 가지고 오지 않았는데 폭우가 내려 어제는 정말 낭패를 봤어요.

上がる
올라가다

- 物価が 上がって いるのに、給料は なかなか 上がら
  ないので、生活は だんだん 苦しく なります。
  물가가 올랐는데 월급은 좀처럼 오르지 않아 생활이 점점 어려워집니다.

開く
열리다

- 八時に 店が 開くと 同時に お客さんが たくさん 入
  って きました。
  8시에 가게 문이 열리자 동시에 손님이 많이 들어 왔습니다.

空く
あ

비다

- 席が **空けば** すぐに 片付けて、次の お客さんを ご案内します。

  자리가 비면 바로 치우고 다음 손님을 안내합니다.

開ける
あ

열다

- 部屋の 空気が 悪いので、窓を **開け**ました。

  방 공기가 나빠서 창문을 열었습니다.

- ♠ 空気(くうき)が 悪(わる)い 공기가 나쁘다
- ♠ 窓(まど)を 開(あ)ける 창문을 열다

⑤
동
사

上げる
あ

올리다

- 教室の 掃除を する ために、椅子を 机の 上に **上げ**ました。

  교실을 청소하기 위해 의자를 책상 위에 올렸습니다.

あげる
주다

- 去年 買った 服は、もう サイズが 合わないので 妹に **あげ**ました。

  작년에 산 옷은 이제 사이즈가 맞지 않기 때문에 여동생에게 주었습니다.

遊ぶ
あそ

놀다

- 子供の 頃は 友達と 近所の 空き地で **遊び**ました。

  어렸을 때는 친구와 근처 공터에서 놀았습니다.

- ♠ 近所(きんじょ) 근처, 이웃
- ♠ 空(あ)き地(ち) 공터, 빈터

集まる
あつ

모이다

- コンサート会場には 朝から 大勢の ファンが **集**まりました。

  콘서트 장에는 아침부터 많은 팬들이 모였습니다.

集める
あつめる

모으다

- 社長は 重要な 発表が あると 言って、社員を 会議室に 集めました。

사장님은 중요한 발표가 있다며 사원을 회의실에 모았습니다.

浴びる
あびる

뒤집어쓰다, 끼얹다

- 汗を たくさん かいたので、家に 帰ったら まっさきに シャワーを 浴びたいです。

땀을 많이 흘렸기 때문에 집에 돌아가면 곧바로 샤워를 하고 싶습니다.

謝る
あやまる

사과하다

- 下手な 言い訳を する よりは、気持を こめて 謝った 方が いいですよ。

어설픈 변명을 하기보다 마음을 담아 사과하는 것이 좋습니다.

洗う
あらう

씻다

- 食中毒の 予防には、とにかく 手を 洗う ことが 一番です。

식중독 예방에는 어쨌든 손을 씻는 것이 제일입니다.

在る
ある

있다(존재)

- 近所の 公園には 滑り台が あります。

근처의 공원에는 미끄럼틀이 있습니다.

♠ 滑(すべ)り台(だい) 미끄럼틀

有る
ある

있다(소유)

- お金が たくさん あれば、もっと 広い 家に 住みたいです。

돈이 많이 있다면 더 넓은 집에서 살고 싶습니다.

歩く
걷다

- 私は 健康の ため, 一日 最低一キロは **歩く** ように して います。

  나는 건강을 위해 하루에 최소 1km는 걸으려고 합니다.

言う
말하다

- 会議の 時は, **言う** べき 事は **言う** べきです。

  회의 때는 응당 말은 해야 합니다.

♠ 会議(かいぎ) 회의
♠ べき (응당) 그렇게 해야 할, 그렇게 해야 될
♠ 事(こと) 사실, 일, 것

⑤ 동사

生きる
살다

- 十年間 何の 連絡も なかった 息子が **生きて** いた 事が わかりました。

  10년간 아무 연락도 없었던 자식이 살아 있다는 것을 알게 되었습니다.

行く
가다

- お婆さんは 川へ 洗濯に **行き**ました。

  할머니는 강에 빨래하러 나갔습니다.

♠ 旅行(りょこう)に行(い)く 여행가다
♠ お嫁(よめ)に行(い)く 시집가다

苛める
괴롭히다

- 弟や 妹を **いじめて**は いけません。

  남동생이나 여동생을 괴롭혀서는 안 됩니다.

♠ ～てはいけません ～해서는 안 된다

急ぐ
서두르다

- 今日は 寝坊したので, **急いで** 支度をして 学校に 行きました。

  오늘은 늦잠을 자서, 서둘러 준비를 하고 학교에 갔습니다.

致す
いた

하다
する의 겸사말

- 小林 タクミと 申します。宜しく お願い 致します。
  こばやし　　　　　　もう　　　　　　　　　よろ　　　　　ねが　　　いた

  고바야시 타쿠미 라고 합니다. 잘 부탁드립니다.

♠ 자신을 소개할 때는 「000と申(もう)します。よろしくお願(ねが)いします(よろしくお願(ねが)い致(いた)します)。000라고 합니다. 잘 부탁합니다(부탁드립니다).」라고 함

頂く
いただ

받다

- 友達から 結婚式の 招待状を 頂きました。
  ともだち　　　　けっこんしき　　しょうたいじょう　いただ

  친구로부터 결혼식 초대장을 받았습니다.

♠ 結婚式(けっこんしき) 결혼식
♠ 招待状(しょうたいじょう) 초대장

祈る
いの

빌다, 기원하다

- あなたの 成功を お祈りします。
  　　　　　　せいこう　　　いの

  당신의 성공을 빕니다.

いらっしゃる

계시다, 오시다, 가시다

- 失礼ですが、お子様は いらっしゃいますか。
  しつれい　　　　　こさま

  실례합니다만, 자녀분은 계십니까?

居る
い

있다

- 天気が 悪かったので、今日は 一日中 家に 居ました。
  てんき　　わる　　　　　　　きょう　　いちにちじゅう いえ　　い

  날씨가 안 좋아서 오늘은 하루 종일 집에 있었습니다.

要る
い

필요하다

- 海外旅行を する 時、ビザが 要る 国と 要らない
  かいがいりょこう　　　　とき　　　　　　い　　くに　　い

  国が あるので 気を つけて ください。
  くに　　　　　　き

  해외여행을 할 때 비자가 필요한 나라와 필요하지 않은 나라가 있으므로 주의 하세요.

入れる
い

넣다

- ボールの 中に 小麦粉と バターを 入れて、
混ぜ合わせます。
오목한 그릇에 밀가루와 버터를 넣어 섞습니다.

植える
う

심다

- 父は 家の 庭に、桜の 木を 植えました。
아버지는 집 정원에 벚꽃나무를 심었습니다.

伺う
うかが

'묻다', '듣다',
'방문하다'의 겸사말

- 近い うちに 伺いますので、ご都合の 良い 日時
をお教え 願えます でしょうか。
가까운 시일 내에 방문하겠으니, 형편이 좋은 날짜를 알려주시겠습니까?

受ける
う

받다

- 入院して 治療を 受けて いますが、良くなって
いる 気が しません。
입원해서 치료를 받고 있습니다만, 좋아지는 느낌이 들지 않습니다.

動く
うご

움직이다

- 「動くな。手を 挙げろ。」警察は 叫びました。
"움직이지 마, 손들어!" 경찰은 소리쳤습니다.

♠ 叫(さけ)ぶ 외치다, 소리 지르다

歌う
うた

노래 부르다

- 姉は 歌を 歌うのは 好きですが、人前では 絶対に
歌いません。
언니는 노래 부르는 것을 좋아하지만 사람들 앞에서는 절대 부르지
않습니다.

5
동
사

打つ
う

치다, 때리다

- 父が うどんを **打つ** 姿は、まるで 本物の 職人の
ちち　　　　　　　　う　　すがた　　　　　　　　　ほんもの　しょくにん
ようでした。

아버지가 우동(반죽)을 때리는 모습은 마치 진짜 장인 같았습니다.

写す
うつ

베끼다

- 宿題を 忘れたが、先生が 来る 前に 友達の ノートを
しゅくだい　わす　　　　　せんせい　く　　まえ　　ともだち
写して 自分で やった ふりを しました。
うつ　　じぶん

숙제를 까먹었었는데 선생님이 오기 전에 친구의 노트를 베껴 내가 한
것처럼 했습니다.

映る
うつ

비치다

- 私は 昔から 写真**映り**が 本当に 良いので、まるで
わたし　むかし　　しゃしんうつ　　ほんとう　　よ
別人だと よく 言われます。
べつじん　　　　　　い

나는 옛날부터 사진빨이 좋아서 마치 다른 사람 같다는 소리를 듣습니다.

移る
うつ

이동하다

- 今の 会社に **移る** 前は、貿易会社で 働いて
いま　かいしゃ　うつ　　まえ　　ぼうえきがいしゃ　はたら
いました。

지금의 회사로 옮기기 전에는 무역회사에서 일했습니다.

生まれる
う

태어나다

- 私は 愛知県の 名古屋市で **生まれ**ました。
わたし　あいちけん　なごやし　　う

나는 아이치현 나고야시에서 태어났습니다.

売る
う

팔다

- お金が なかったので、大事に して いた バイクを
かね　　　　　　　　　だいじ
売りました。
う

돈이 없어서 아끼던 오토바이를 팔았습니다.

選ぶ
えら

뽑다, 고르다

- 私は いつも、車は デザインで 選びます。この
  わたし　　　　　　くるま　　　　　　　　　　　　えら
  車も デザインが 気に 入って 即決しました。
  くるま　　　　　　　　　き　い　　　　そっけつ

  나는 항상 차는 디자인으로 고릅니다. 이차도 디자인이 마음에 들
  어 바로 결정했습니다.

起きる
お

일어나다

- 寒い 日は 朝 起きるのが 大変です。
  さむ　ひ　　あさ　お　　　　　　たいへん

  추운 날에는 아침에 일어나는 것이 힘듭니다.

⑤
동
사

置く
お

두다, 놓다

- テーブルの 中央に 花瓶を 置きました。
  　　　　　ちゅうおう　かびん　お

  테이블 중앙에 꽃병을 놓았습니다.

送る
おく

보내다

- お爺さんは 毎月、畑で 採れた 野菜を 小包で
  じい　　　　まいつき　はたけ　と　　　　やさい　こづつみ
  送って くれます。
  おく

  할아버지는 매달 밭에서 뽑은 야채를 소포로 보내주십니다.

遅れる
おく

늦다

- 彼は 遅れて きたのに、ごめんの 一言も
  かれ　おく　　　　　　　　　　　　　ひとこと
  ありません。

  그는 늦게 와서는 미안하다는 한 마디도 없습니다.

起こす
お

깨우다, 일으키다

- 父は 昨日 お酒を 飲んで 遅く 帰って きました。
  ちち　きのう　さけ　の　　　おそ　かえ
  母は 起こそうと 必死ですが、なかなか 起きようと
  はは　お　　　　ひっし　　　　　　　　　　お
  しません。

  아버지는 어제 술을 드시고 늦게 돌아 오셨습니다. 어머니는 깨우려
  고 애썼지만 좀처럼 일어나시지 않았습니다.

行う
おこな

行하다, 실행하다

- 本日 午後 三時 緊急 会議を 行います。
  ほんじつ ご ご さんじ きんきゅう かいぎ おこな
  오늘 오후 3시 긴급회의가 열립니다.

怒る
おこ

화내다

- 母は 怒ると 近くに ある 物を、手当たり 次第に 投げます。
  はは おこ ちか もの て あ しだい な
  어머니는 화가 나면 가까이에 있는 물건을 손에 잡히는 대로 던집니다.

教える
おし

가르치다

- 私は 授業で 分からない ところが あれば、いつも 兄に 教えて もらいました。
  わたし じゅぎょう わ あに おし
  나는 수업에서 모르는 것이 있으면 언제나 형에게 알려달라고 했습니다.

押す
お

밀다

- 避難する 時は、前の 人を 決して 押しては いけません。
  ひ なん とき まえ ひと けっ お
  피난할 때는 앞에 있는 사람을 절대 밀어서는 안 됩니다.

落ちる
お

떨어지다

- 朝 散歩して いたら、十円玉が 落ちて いました。
  あさ さん ぽ じゅうえんだま お
  今日は 良い 一日に なる だろうと 思いました。
  きょう い いちにち おも
  아침에 산책하고 있는데 10원짜리 동전이 떨어져 있었습니다. 오늘은 좋은 하루가 될 것이란 생각이 들었습니다.

おっしゃる
말씀하시다

- 他に 何か 必要な ものが あれば、何でも おっしゃって ください。
  ほか なに ひつよう なん
  달리 뭔가 필요한 것이 있다면 뭐든 말씀하세요.

落<small>お</small>とす
떨어뜨리다

- あわてて、料理<small>りょうり</small>を 落<small>お</small>として しまったので、また 作<small>つく</small>り直<small>なお</small>しました。

  서두르다 요리를 떨어뜨려 버려서, 다시 만들었습니다.

踊<small>おど</small>る
춤추다

- 姉<small>あね</small>は 踊<small>おど</small>りを 踊<small>おど</small>るのは 大好<small>だいす</small>きですが、騒々<small>そうぞう</small>しいのが 嫌<small>きら</small>いで クラブには 行<small>い</small>きません。

  언니는 춤을 추는 것은 좋아하지만, 시끄러운 것이 싫어서 클럽에는 가지 않습니다.

⑤ 동사

驚<small>おどろ</small>く
놀라다

- 日本<small>にほん</small>に 留学<small>りゅうがく</small>して 生<small>う</small>まれて 初<small>はじ</small>めて 地震<small>じしん</small>に あって本当<small>ほんとう</small>に 驚<small>おどろ</small>きました。

  일본에 유학가서 태어나서 처음으로 지진을 당해서 정말로 놀랐습니다.

覚<small>おぼ</small>える
기억하다

- 娘<small>むすめ</small>は、幼<small>おさな</small>い ころ 家族旅行<small>かぞくりょこう</small>で この 温泉<small>おんせん</small>に 来<small>き</small>た ことを 覚<small>おぼ</small>えて いました。

  딸은 어렸을 적 가족여행으로 이 온천에 온 것을 기억하고 있었습니다.

思<small>おも</small>い出<small>だ</small>す
생각나다

- 学校<small>がっこう</small>に 行<small>い</small>く 途中<small>とちゅう</small>、ふと 宿題<small>しゅくだい</small>が あった ことを 思<small>おも</small>い出<small>だ</small>しました。

  학교에 가는 도중, 문득 숙제가 있었다는 것이 생각났습니다.

思<small>おも</small>う
생각하다

- 普通<small>ふつう</small> 目玉焼<small>めだまや</small>きには 醤油<small>しょうゆ</small>か ソースですが、私<small>わたし</small>は ケチャップで 食<small>た</small>べるのが 一番<small>いちばん</small> おいしいと 思<small>おも</small>います。

  보통 계란 프라이에는 간장이나 소스입니다만, 나는 케첩에 먹는 것이 제일 맛있다고 생각합니다.

泳ぐ
およ

헤엄치다, 수영하다

- 夏休みは 近所の プールへ 行って 泳ぐのが 一番の
なつやす　きんじょ　　　　　　　　　　　い　　およ　　　　　いちばん
楽しみでした。
たの

여름방학에는 근처의 풀장에 가서 수영하는 것이 가장 큰 즐거움입니다.

降りる
お

(탈 것에서) 내리다

- 気持悪くなったので、バスを 降りて しばらく 休憩
きもちわる　　　　　　　　　　　　　お　　　　　　　　きゅうけい
する ことに しました。

속이 울렁거려서 버스를 내려서 잠시 휴식하기기로 했습니다.

下りる
お

내리다

- 「ごはんですよ。」母の 声を 聞き、二階で ゲームを
はは　こえ　き　　にかい
して いた 弟たちは 一斉に 下りて きました。
おとうと　　　　　いっせい　お

'밥 먹어.' 엄마 목소리를 듣고 2층에서 게임을 하고 있던 동생들은 일
제히 내려왔습니다.

居る
お

있다
いるの 겸양어

- お客様の お越しを 一同、心より お待ち 致して 居り
きゃくさま　こ　　いちどう　こころ　　　ま　いた　　お
ます。

손님의 방문을 일동 마음으로부터 기다리고 있습니다.

折る
お

접다

- 私は 本を 読む ときは 気に なる 部分は ページの 端
わたし　ほん　よ　　　　　き　　　ぶぶん　　　　　はし
を 折って 後で もう 一度 見直す ように して います。
お　　あと　　　いちど みなお

나는 책을 읽을 때는 마음에 걸리는 페이지 끝을 오려서 나중에 다시 한
번 보려고 하고 있습니다.

折れる
お

부러지다

- 彼は 筆圧が 強いので、すぐに 鉛筆の 芯が 折れて
かれ　ひつあつ　つよ　　　　　　　　えんぴつ　しん　お
しまいます。

그는 쥐는 힘이 강해서, 바로 연필심이 부러져 버립니다.

お
終わる
끝나다

- やっと 授業が **終わり**ました。
  겨우 수업이 끝났습니다.

か
買う
사다

- スーパーで 野菜や 魚 などを **買って**、皆で
  鍋を しました。
  슈퍼에서 야채와 생선 등을 사들여서 모두 함께 찌개를
  만들었습니다.

かえ
返す
돌려주다

- あの 人に お金を 貸さない 方が いいですよ。
  絶対に **返して** くれません から。
  저 사람에게는 돈을 빌려 주지 않는 편이 좋아요. 절대 돌려주지 않
  으니까요.

かえ
帰る
돌아가(오)다

- 終電に なる 前に、**帰ら**なければ なりません。
  막차가 끝나기 전에 집에 돌아가지 않으면 안 됩니다.

か
変える
바꾸다

- 創業当初と 業務内容が 大分 変わったので、
  社名も それに 合わせて **変える** 事に しました。
  창업 당시와 업무내용이 상당히 변했기 때문에, 회사명도 그에 맞
  게 바꾸기로 했습니다.

か
掛かる
걸리다, 매달리다

- 部屋の 壁には 記念写真が **かかって** います。
  방의 벽에는 기념사진이 걸려 있습니다.

書く か 쓰다	• 私は 作文でも 日記でも、とにかく 物を 書くのが 大好きです。 わたし さくぶん にっき もの か だいすき 나는 작문이든 일기든 어쨌든 무언가 쓰는 것을 아주 좋아합니다.
掛ける か 걸다	• 眼鏡を かけると 仕事が でき そうに 見えると、よく 言われます。 めがね しごと み い 안경을 쓰면 일을 잘 하게 보인다고 자주 듣습니다.
飾る かざ 꾸미다	• 弟が 帰って 来る 前に、部屋を 飾って 急いで 誕生日パーティーの 準備を しました。 おとうと かえ く まえ へや かざ いそ たんじょうび じゅんび 동생이 돌아오기 전에 방을 장식해서 서둘러 생일파티 준비를 했습니다.
貸す か 빌려 주다	• お金を どうしても 貸す しかない ときは、あげる つもりで 貸しなさい。 かね か か 돈을 꼭 빌려줘야만 할 때는 준다는 생각으로 빌려주세요.
片付ける かたづ 정돈하다	• もう すぐ お客さんが 来るので 急いで 部屋を 片付けました。 きゃく く いそ へや かたづ 곧 손님이 오니까 서둘러서 방을 정리했습니다.
勝つ か 이기다	• 勝つ こと よりも、精一杯 挑戦する 気持が もっと 大切です。 か せいいっぱいちょうせん きもち たいせつ 이기는 것보다 있는 힘을 다해 도전하는 마음이 더 중요합니다.

かぶる
(머리에) 쓰다

- 日差しが 強い 日は 必ず 帽子を **かぶって** でかけ
  ます。
  햇볕이 강한 날에는 반드시 모자를 쓰고 나갑니다.

かまう
상관하다, 개의하다
뒤에 부정이 따름

- ここでは タバコを 吸っても **かまい**ません。
  여기서는 담배를 피워도 상관없습니다.

噛む
씹다

- 食事の 後は いつも ガムを **噛み**ます。
  식사 후에는 언제나 껌을 씹습니다.

通う
다니다

- 学校が 終わると、 毎日 塾に **通って** 勉強しました。
  학교가 끝나면 매일 학원에 다니며 공부를 했습니다.

♠ 塾(じゅく) 공부하는 학원 또는 기숙사

借りる
빌다

- 友達の 自転車を **借りて** サイクリングに 出かけ
  ました。
  친구 자전거를 빌려서 자전거 여행에 떠났습니다.

渇く
마르다

- 運動を したので、 のどが とても **渇き**ました。
  운동을 해서 매우 목이 말랐습니다.

♠ のどが渇(かわ)く 목이 마르다

⑤
동
사

変る
かわ

바뀌다

- 彼は 社会人に なって 性格が 百八十度 変りました。
  かれ　しゃかいじん　　　　　　　　せいかく　ひゃくはちじゅうど かわ

  그는 사회인이 되어 성격이 180도 바뀌었습니다.

考える
かんが

생각하다

- 何でも 自分で 考える ことが 大切です。
  なん　　　じぶん　かんが　　　　　　たいせつ

  무엇이든 스스로 생각하는 것이 중요합니다.

頑張る
がん ば

분발하다, 노력하다

- 九回裏、それでも 最後まで 諦めずに 頑張りましょう。
  きゅうかいうら　　　　　　さい ご　　　あきら　　　がん ば

  9회 말, 그래도 끝까지 포기하지 말고 노력합시다.

消える
き

꺼지다

- 風が 強いので ろうそくの 火が 消えて しまいました。
  かぜ　つよ　　　　　　　　　　ひ　き

  바람이 강해서 촛불의 불이 꺼져버렸습니다.

聞く
き

듣다

- 分からない ことが あれば、何でも 私に 聞いて ください。
  わ　　　　　　　　　　　　なん　わたし　き

  모르는 것이 있으면 언제라도 나에게 질문해 주세요.

聞こえる
き

들리다

- 私の 家は 海から さほど 遠く なく、夜には 耳を すませば 波の 音が 聞こえます。
  わたし　いえ　うみ　　　　　　　とお　　　　　よる　　　みみ　　　　　　なみ　おと　き

  우리 집은 바다에서 그다지 멀지 않아서 밤에는 귀를 기울이면 파도 소리가 들려옵니다.

決まる
き

결정되다

• 研究会の 日程が 決りました。
けんきゅうかい にってい きま

연구회 일정이 결정되었습니다.

決める
き

결정하다

• パーティー会場の テーブルの 配置を 決めるのに
かいじょう はいち き
二時間も 掛りました。
にじかん かか

파티 회장의 테이블 배치를 정하는데 2시간이나 걸렸습니다.

⑤ 동사

切る・斬る
き き

자르다

• お湯を 沸かし、サイコロ大に 切った 人参を、
ゆ わ だい き にんじん
サッと 茹でます。
ゆ

물을 끓여서 주사위 크기로 자른 당근을 재빨리 데칩니다.

着る
き

입다

• この 寿司屋は ランチタイムの サービスが 良く、
すし や よ
お昼に なると スーツを 着た サラリーマンが
ひる き
一斉に 列を つくります。
いっせい れつ

이 횟집은 런치타임 서비스가 좋아서 점심시간이 되면 양복을 입은
샐러리맨이 일제히 줄을 섭니다.

下さる
くだ

주시다

• ご連絡は 夜 十時 以降に して くだされば、助か
れんらく よる じゅうじ いこう たす
ります。

연락은 밤 10시 이후에 해 주시면 좋겠습니다.

曇る
くも

흐려지다, 구름이 끼다

• 今日は 曇って いるので、昨日ほどは 暑く ありま
きょう くも きのう あつ
せん。

오늘은 구름이 끼어 있어서 어제 만큼은 덥지 않습니다.

比べる
くら

비교하다

- 私は 兄と 比べて 力が 弱いです。
  わたし あに くら ちから よわ

  나는 형에 비하면 힘이 약합니다.

来る
く

오다

- 午後に 友達が 遊びに 来ます。
  ご ご ともだち あそ き

  오후에 친구가 놀러 옵니다.

- 最近 やっと 暖かく なって 来ました。
  さいきん あたた き

  요즘에 겨우 따뜻해졌습니다.

暮れる
く

(날이) 저물다

- 山の 夜は 危険なので、日が 暮れる 前に 確実に
  やま よる きけん ひ く まえ かくじつ
  テント場へ 到着しなければ なりません。
  じょう とうちゃく

  산속의 밤은 위험하므로, 날이 저물기 전에 확실하게 텐트 장에 도착하지 않으면 안 됩니다.

くれる

주다

- 恋人が 誕生日に 指輪を くれました。
  こいびと たんじょうび ゆびわ

  애인이 생일에 반지를 주었습니다.

- 両親は いつも、私が したい ことを しなさいと 言って
  りょうしん わたし い
  くれました。

  부모님은 언제나 내가 하고 싶은 것을 하라고 말해 주셨습니다.

消す
け

지우다, 끄다

- 消ゴムで 間違った 部分を 消しました。
  けし まちが ぶぶん け

  지우개로 틀린 부분을 지웠습니다.

- 十一時を 過ぎたら 電灯を 消して 寝なさい。
  じゅういちじ す でんとう け ね

  11시가 넘으면 전등을 끄고 잠자리에 드세요.

答える
こた

대답하다

- その 質問に 答える ことは 難しく ありませんが、
  しつもん こた むずか
  まずは ご自分で 考えて みた 方が 良いと 思います。
  じぶん かんが ほう よ おも

  그 질문에 답하는 것은 어렵지 않지만, 먼저 스스로 생각해 보는 편이 좋다고 생각합니다.

困る
こま

곤란하다

- 私の 兄は 借金で 生活に **困り**、家具を 全て 売って しまいました。
わたし　あに　しゃっきん　せいかつ　こま　　　かぐ　すべ　う

  우리 오빠는 빚으로 생활이 곤란해져 가구를 전부 팔았습니다.

壊す
こわ

부수다

- 友達に 借りて いた 自転車を、転んで **壊して** しまいました。
ともだち　か　　　　じてんしゃ　ころ　　こわ

  친구에게 빌린 자전거를 넘어져서 고장 내 버렸습니다.

壊れる
こわ

부서지다

- 乱暴に 使ったので コンピューターが **壊れ**ました。
らんぼう　つか

  험하게 사용해서 컴퓨터가 부서졌습니다.

- 友達と 大喧嘩して 以来、二人の 友情が **壊れて** しまいました。
ともだち　おおげんか　　いらい　ふたり　ゆうじょう　こわ

  친구와 싸우고 난 이후, 둘의 우정이 금이 가 버렸습니다.

探す
さが

찾다

- コンタクトレンズを 落として しまい、ずっと **探して** いますが まだ 見つかりません。
お　　　　　　　　　さが　　　　　　　み

  콘택트렌즈를 떨어뜨려버려서 쭉 찾았지만 아직 발견되지 않았습니다.

下る
さが

내려가다, 떨어지다

- 物価は **下がって**も、景気が 悪いので 生活は 苦しい ままです。
ぶっか　さ　　　　けいき　わる　　　せいかつ　くる

  물가가 내려가도 경기가 좋지 않아서 생활은 어려운 상태입니다.

咲く
さ

(꽃이) 피다

- 春に なると あちこちで 桜の 花が **咲き**ます。お花見シーズンの 到来です。
はる　　　　　　　　　さくら　はな　さ　　　　はなみ　　　　　　とうらい

  봄이 되면 여기저기서 벚꽃이 핍니다. 꽃구경 시즌이 도래합니다.

さ
下げる

낮추다

- アルバイトを 積極的に 採用して、人件費の
コストを 下げました。
아르바이트를 적극 채용해서 인건비 원가를 내렸습니다.

さ あ
差し上げる

드리다

- 参加者 全員に 商品を 差し上げます。
참가자 전원에게 상품을 드립니다.

さす

(우산을) 쓰다

- 傘を さして 歩く 人が 多く なると、道は いっそう
狭く 感じられます。
우산을 쓰고 걷는 사람이 많아지면, 길은 한층 좁게 느껴집니다.

さわ
騒ぐ

떠들다

- 先生が いないので 教室で 騒いで いると 隣の
クラスの 先生が 来て、全員 怒られました。
선생님이 없어서 교실에서 떠들고 있는데, 옆 반 선생님이 와서 전원 혼났습니다.

さわ
触る

만지다

- 生地に 触って みると あまり 質の 良い もの ではな
い 感じが しました。
감을 만져보니 별로 질이 좋지 못한 것이 아니라는 느낌이 들었습니다.

しか
叱る

꾸짖다

- 母は 私たちが 悪い ことを した ときは 厳しく 叱り
ました。
엄마는 우리들이 나쁜 짓을 했을 때는 엄하게 꾸짖으십니다.

死ぬ
し

죽다

- 交通事故で 死ぬ 人が 多いです。
こうつうじこ　し　ひと　おお

교통사고로 죽는 사람이 많습니다.

- 若い 頃は 死ぬ 思いで 働きました。
わか　ころ　し　おも　はたら

젊었을 때는 죽을 각오로 일했습니다.

閉める
し

닫다

- エアコンを つけたので、部屋の 窓を 全部 閉めました。
へや　まど　ぜんぶ　し

에어콘을 켰기 때문에 방의 창문을 모두 닫았습니다.

締める
し

매다, 졸라매다

- 安全の ため、表示ランプが 消えるまでは 必ず
あんぜん　ひょうじ　き　かなら
シートベルトを 締めて ください。
し

안전을 위해 표시등이 꺼질 때까지는 반드시 안전벨트를 매 주세요.

知らせる
し

알리다

- 皆 教室で 騒いで いたが、誰かが 先生が 来たと
みんな きょうしつ さわ　だれ　せんせい　き
知らせて くれたので、怒られずに すみました。
し　おこ

모두 교실에서 떠들고 있었는데 누군가가 선생님이 오신다고 해서
혼나지 않고 지났습니다.

調べる
しら

찾다, 조사하다

- 分からない 単語が 出た ときは 直ぐに 辞書で
わ　たんご　で　す　じしょ
調べた 方が いいです。
しら　ほう

모르는 단어가 나왔을 때는 바로 사전을 찾는 것이 좋습니다.

知る
し

알다

- 私は、母が 昔 女優だった ことを 知りません
わたし　はは　むかしじょゆう　し
でした。

나는 엄마가 예전에 배우였다는 것을 알지 못했습니다.

吸う
（담배를）피우다

- 未成年者が タバコを 吸うのは 法律で 禁じられて います。
  미성년자가 담배를 피우는 것은 법으로 금지되어 있습니다.

過ぎる
지나(가)다

- あっという 間に 時間が 過ぎました。
  눈 깜짝할 사이에 시간이 지나갔습니다.

空く
（공간이）비다

- 平日は どこに 行っても 空いて いるので 快適です。
  평일에는 어디에 가도 피어있으니까 쾌적합니다.

進む
나아가다, 진학하다

- 日本では 社会の 高齢化が 進んで います。
  일본에서는 사회 고령화가 진행되고 있습니다.

- 高校を 卒業して 大学に 進む つもりです。
  고등학교를 졸업하고 대학에 진학할 것입니다.

捨てる
버리다

- 道に ゴミを 捨てては いけない。
  길에 쓰레기를 버리면 안 된다.

- 要らない ものは 早く 捨てた 方が いいです。
  쓸모없는 것은 빨리 버리는 것이 좋습니다.

滑る
미끄러지다,
시험에 떨어지다

- 雪が 降った 日は 道が 滑り やすいです。
  눈이 내린 날은 길이 미끄러지기 쉽습니다.

- 大学に 滑って ショックを 受けました。
  대학에 떨어져 충격을 받았습니다.

住む
す

살다

- 日本で 就職できれば、このまま 日本に 住みたいと
  思います。

  일본에서 취직이 된다면 이대로 일본에서 살고 싶습니다.

済む
す

끝나다

- この 仕事が 済んだら すぐ 家に 帰ります。

  이 일이 끝나면 바로 집에 돌아갑니다.

する

하다

- 将来の ために 私は 熱心に 勉強を します。

  장래를 위해 나는 열심히 공부를 합니다.

座る
すわ

앉다

- 図書館では 子供たちが 座って 本を 読んで い
  ます。

  도서관에는 어린이들이 앉아서 책을 읽고 있습니다.

育てる
そだ

기르다

- 彼女の お母さんは 女手 一つで 五人の 子供を
  育てた そうです。

  그녀의 어머니는 여자 혼자 힘으로 5명의 아이를 키웠다고 합니다.

倒れる
たお

쓰러지다

- 風が 強くて、看板が 倒れて しまいました。

  바람이 강해서 간판이 떨어졌습니다.

- 社長は 過労で 倒れました。

  사장님은 과로로 쓰러졌습니다.

5
동
사

足す
た

더하다

● 1 足す 1は 2です。
いち た いち に

1 더하기 1은 2입니다.

出す
だ

(편지를) 부치다

● 彼女に 手紙を 出しましたが 返事が ありません。
かのじょ てがみ だ へんじ

그녀에게 편지를 부쳤지만, 답장이 없습니다.

♠ 手紙(てがみ)を出(だ)す 편지를 부치다
♠ 返事(へんじ) 답장

訪ねる
たず

방문하다

● 久しぶりに 先生の お宅を 訪ねました。
ひさ せんせい たく たず

오랜만에 선생님 댁을 방문했습니다.

♠ お宅(たく) 댁 집이나 가정의 높임말

尋ねる
たず

묻다

● 地下道の 出口が どこに あるのか 分からないので、
ちか どう で ぐち わ
通りがかりの 人に 尋ねて みました。
とお ひと たず

지하철 입구가 어디에 있는지 몰라서 지나가는 사람에게 물어봤습니다.

立つ
た

서다

● 母は ずっと 立って 仕事を するので、 いつも 腰が
はは た しごと こし
痛いと 言います。
いた い

어머니는 계속 서서 일을 하기 때문에 항상 허리가 아프다고 말합니다.

立てる
た

세우다

● アポロの 乗組員は、 月面に 星条旗を 立てました。
のりくみいん げつめん せいじょうき た

아폴로 승무원은 달 표면에 성조기를 세웠습니다.

建てる
<ruby>建<rt>た</rt></ruby>てる

짓다

- 父は 三十年の ローンを 組んで 横浜に 一戸建て
<ruby>父<rt>ちち</rt></ruby>は <ruby>三十年<rt>さんじゅうねん</rt></ruby>の ローンを <ruby>組<rt>く</rt></ruby>んで <ruby>横浜<rt>よこはま</rt></ruby>に <ruby>一戸<rt>いっこ</rt></ruby><ruby>建<rt>だ</rt></ruby>て
の 家を 建てました。
の <ruby>家<rt>いえ</rt></ruby>を <ruby>建<rt>た</rt></ruby>てました。
아버지는 30년 상환 대출을 받아 요코하마에 집 한 채를 지었습니다.

楽しむ
<ruby>楽<rt>たの</rt></ruby>しむ

즐기다, 즐겁게 지내다

- 久しぶりに 家族と ともに 休暇を 楽しみました。
<ruby>久<rt>ひさ</rt></ruby>しぶりに <ruby>家族<rt>かぞく</rt></ruby>と ともに <ruby>休暇<rt>きゅうか</rt></ruby>を <ruby>楽<rt>たの</rt></ruby>しみました。
오랜만에 가족과 함께 휴가를 즐겼습니다.

♠ ~とともに ~와 함께, ~와 동시에

⑤ 동사

頼む
<ruby>頼<rt>たの</rt></ruby>む

부탁하다

- この ことは 家族には 言わないで くれと 頼みました。
この ことは <ruby>家族<rt>かぞく</rt></ruby>には <ruby>言<rt>い</rt></ruby>わないで くれと <ruby>頼<rt>たの</rt></ruby>みました。
이 일은 가족에게 말하지 말아달라고 부탁했습니다.

食べる
<ruby>食<rt>た</rt></ruby>べる

먹다

- お腹が 空いて いたので、 ご飯を 三杯 おかわり
お<ruby>腹<rt>なか</rt></ruby>が <ruby>空<rt>す</rt></ruby>いて いたので、 ご<ruby>飯<rt>はん</rt></ruby>を <ruby>三杯<rt>さんばい</rt></ruby> おかわり
して 食べました。
して <ruby>食<rt>た</rt></ruby>べました。
배가 고파서 밥을 3공기 더 달라고 해서 먹었습니다.

足りる
<ruby>足<rt>た</rt></ruby>りる

충분하다

- 牛井 並盛では 足りないので 大盛を 注文しま
<ruby>牛井<rt>ぎゅうどん</rt></ruby> <ruby>並盛<rt>なみもり</rt></ruby>では <ruby>足<rt>た</rt></ruby>りないので <ruby>大盛<rt>おおも</rt></ruby>を <ruby>注文<rt>ちゅうもん</rt></ruby>しま
した。
소고기 덮밥 보통으로는 모자라서 곱빼기를 주문했습니다.

違う
<ruby>違<rt>ちが</rt></ruby>う

틀리다

- 今に なって 契約 できない なんて 話が 違いま
<ruby>今<rt>いま</rt></ruby>に なって <ruby>契約<rt>けいやく</rt></ruby> できない なんて <ruby>話<rt>はなし</rt></ruby>が <ruby>違<rt>ちが</rt></ruby>いま
すよ。
지금에 와서 계약을 할 수 없다니 이야기가 다릅니다.

使う
つか

사용하다

• コンピューターを **使**って 文書を 作成しました。
  つか　　　　　　ぶんしょ　さくせい
  컴퓨터를 사용해서 문서를 작성했습니다.

捕まえる
つか

붙잡다

• 五ヶ月 かかって、やっと 犯人を **捕まえる** ことが
  ご か げつ　　　　　　　　はんにん　つか
  できました。
  5개월 만에 간신히 범인을 잡을 수 있었습니다.

疲れる
つか

피로해지다

• 今日は たくさん 運動して **疲れ**たので、よく 眠れ
  きょう　　　　　　うんどう　つか　　　　　　　　ねむ
  そうです。
  오늘은 운동을 많이 해서 피곤하므로 푹 잘 수 있을 것 같습니다.

着く
つ

도착하다

• 十分後に 駅に **着く** 予定です。
  じゅっぷんご　えき　つ　よてい
  10분 후 역에 도착할 예정입니다.

♠ 駅(えき)に着(つ)く 역에 도착하다

点く
つ

(불 등이) 켜지다

• 夜に なると、街には 一つ 二つ 街灯が **つき**ました。
  よる　　　　　まち　　ひと　ふた　がいとう
  밤이 되자 거리에는 가로등이 하나 둘 켜졌습니다.

♠ 夜(よる)になる 밤이 되다
♠ 街灯(がいとう)がつく 가로등이 켜지다

作る
つく

만들다

• 独り暮らし なので 自分で 食事を **作って** 食べます。
  ひと　ぐ　　　　　　じぶん　しょくじ　つく　　た
  혼자 생활하기 때문에 스스로 밥을 지어 먹습니다.

点ける
っ

(불 등을) 켜다

- 家に 帰ったら まず 部屋の 電気を **つけ**ます。
  いえ　かえ　　　　　　へ や　でんき
  집에 돌아가면 먼저 방 불을 켭니다.

浸ける
っ

담그다

- 洗濯物を 洗剤に **浸けて** おきます。
  せんたくもの　せんざい　つ
  세탁물을 세제에 담가 놓습니다.

付ける
っ

붙이다, 달다

- 小学生は、胸に 名札を **付けて** 学校へ 行きます。
  しょうがくせい　むね　な ふだ　つ　　がっこう　い
  초등학생은 가슴에 명찰을 달고 학교에 갔습니다.

伝える
った

전달하다

- 奥様に よろしく **お伝え** ください。
  おくさま　　　　　つた
  부인에게 잘 전해주세요.

続く
つづ

계속되다

- 今年に なって 寒い 日が **続いて** います。
  ことし　　　　　さむ　ひ　つづ
  금년 들어 추운 날이 계속됩니다.

続ける
つづ

계속하다

- 決勝戦を 目の 前に して、休まず 練習を
  けっしょうせん　め　まえ　　　　　やす　れんしゅう
  続けて います。
  つづ
  결승전을 눈앞에 두고 쉬지 않고 연습을 계속하고 있습니다.

包む
つつ

싸다, 포장하다,
둘러싸다

- 店員が プレゼントを 包装紙に きれいに 包んでくれました。
  てんいん　　　　　　　　ほうそうし　　　　　　　　つつ
  점원이 선물을 포장지에 예쁘게 싸 주었습니다.
- 会場は 熱気に 包まれました。
  かいじょう　ねっき　　つつ
  회장은 열기로 둘러 싸였습니다.

勤める
つと

근무하다

- 姉は 今年から 銀行に 勤めて います。
  あね　ことし　　　ぎんこう　つと
  언니는 올해부터 은행에서 근무하고 있습니다.

積もる
つ

쌓이다

- 朝起きたら 雪が 積もって いました。
  あさお　　　　ゆき　つ
  아침에 일어나니 눈이 쌓여 있었습니다.

釣る
つ

낚다

- スルメイカは 主に 夜に 釣ります。
  　　　　　　　おも　よる　つ
  오징어는 주로 밤에 낚습니다.

♠ スルメイカ 오징어
♠ 主(おも)に 주로

連れる
つ

데리고 가다

- 週末に 子供を 遊園地に 連れて いきます。
  しゅうまつ　こども　ゆうえんち　つ
  주말에 아이를 유원지에 데리고 갑니다.

出かける
で

외출하다

- 久しぶりに 家族 皆で 郊外に 出かけました。
  ひさ　　　　かぞく みんな こうがい　で
  오래간만에 가족 모두 교외로 나갔습니다.

出来る <small>で き</small>

할 수 있다, 생기다

- 私は 縄跳びの 三重 跳びが **でき**ます。
  <small>わたし なわ と さんじゅう と</small>
  나는 줄넘기 세발뛰기를 할 수 있습니다.
- うちの 近所にも、ようやく 大きな スーパーが **でき**ました。
  <small>きんじょ おお</small>
  우리 근처에도 겨우 큰 슈퍼가 생겼습니다.

手伝う <small>て つだ</small>

거들다

- 私は 週末は いつも 母の 店を **手伝い**ます。
  <small>わたし しゅうまつ はは みせ て つだ</small>
  나는 주말에 항상 어머니 가게를 거듭니다.

出る <small>で</small>

나가다

- 顔に ボールが 当たって、鼻血が たくさん **出**ました。
  <small>かお あ はなぢ で</small>
  얼굴에 공이 맞아 코피가 많이 나왔습니다.

♠ ボールが **当(あた)**る 공에 맞다

通る <small>とお</small>

지나가다

- 学校の 前を **通**って 本屋に 行きます。
  <small>がっこう まえ とお ほんや い</small>
  학교 앞을 지나서 서점에 갑니다.

届ける <small>とど</small>

보내다, 전하다

- 駅に 落ちて いた 財布を 駅員に **届け**ました。
  <small>えき お さい ふ えきいん とど</small>
  역에 떨어져 있던 지갑을 역무원에게 전했습니다.

飛ぶ <small>と</small>

날다

- 私は 空を 見ながら、鳥の ように **飛べ**たら いいなと 思いました。
  <small>わたし そら み とり と おも</small>
  나는 하늘을 보면서 새처럼 날 수 있다면 좋겠다고 생각했습니다.

泊まる
と

묵다, 숙박하다

• 学生の 頃は 旅行に 行くと、いつも ユースホステルに 泊まりました。
학창시절에는 여행을 가면 언제나 유스호스텔에서 묵었습니다.

止まる
と

멎다, 멈추다

• 時計が 故障して 止まって しまいました。
시계가 고장 나서 멈춰버렸습니다.

• 家の 前に 一台の トラックが 止まって います。
집 앞에 한 대의 트럭이 멈춰 있습니다.

止める
と

멈추다

• 一時的に 機械を 止めました。
일시적으로 기계를 멈추었습니다.

取り替える
と　か

바꾸다

• リモコンの 電池が 切れたので、新しい 電池に 取り替えました。
리모컨 전지가 떨어졌기 때문에 새로운 전지로 바꿨습니다.

取る
と

집다, 잡다

• あそこに ある 塩を ちょっと 取って くださいませんか。
저쪽에 있는 소금을 좀 집어 주시겠습니까?

• 朝 学校に 行くと 先生が 出席を 取ります。
아침 학교에 가면 선생님이 출석을 부릅니다.

撮る
と

(사진을) 찍다

• 旅行先で みんなで 撮った 記念写真を 見たら、また 行きたく なりました。
여행지에서 모두 함께 찍은 기념사진을 봤더니, 다시 가고 싶어졌습니다.

直す
なお

고치다

● せっかちな 性格は、直そうと 思っても なかなか
直せません。

조급한 성격을 고치려고 해서 좀처럼 고쳐지지 않습니다.

治る
なお

(병이) 낫다

● 漢方薬で 持病が すっかり 治りました。

한약으로 지병이 완전히 나았습니다.

♠ 漢方薬(かんぽうやく) 한약
♠ 持病(じびょう) 지병
♠ すっかり 완전히, 매우, 아주

直る
なお

고쳐지다

● テレビの 映りが 悪いので、腹が 立って 叩いて
みたら、なぜか 直りました。

텔레비전의 화면상태가 나빠서 화가나 두드려 봤더니 웬일인지 고
쳐졌습니다.

鳴く
な

(짐승 등이) 울다

● からすの 鳴き声を 聞くと、子供の 頃を 思い出
します。

까마귀 울음소리를 들으면 어린 시절이 떠오릅니다.

泣く
な

울다

● いくら 泣いても 亡く なった 人が 蘇る ことは
ありません。

아무리 울어도 죽은 사람이 다시 살아 돌아오지는 못합니다.

無くす
な

없애다, 잃다

● 欠点は 早く なくした 方が いいです。

결점은 빨리 없애는 것이 좋습니다.

● 電車の 中で 財布を なくしました。

전철 안에서 지갑을 잃어버렸습니다.

亡(な)くなる
돌아가시다

- 去年(きょねん)、母(はは)が 交通事故(こうつうじこ)で 亡(な)くなりました。
작년에 어머니가 교통사고로 돌아가셨습니다.

無(な)くなる
없어지다

- 大切(たいせつ)に して いた 手紙(てがみ)が 無(な)くなりました。
소중히 여긴 편지가 없어졌습니다.
- 今回(こんかい)の ミスで 課長(かちょう)の 信用(しんよう)が 無(な)くなりました。
이번 실수로 과장의 신용이 떨어졌습니다.

投(な)げる
던지다

- ハンさんは 百五十(ひゃくごじゅう)キロの 速球(そっきゅう)を 投(な)げて 三振(さんしん)を 取(と)りました。
한00는 150km의 직구를 던져 삼진을 잡았습니다.

なさる
하시다
なす・するの 높임말

- 「何(なに)に なさいますか。」
「私(わたし)は ホット コーヒーに します。」
"무엇으로 하시겠습니까?"
"난 뜨거운 커피로 하겠습니다."

習(なら)う
배우다

- ピアノは 引(ひ)けますが、一度(いちど)も 先生(せんせい)に 習(なら)った ことは ありません。
피아노는 칠 수 있습니다만, 한번도 선생님에게 배운 적은 없습니다.

並(なら)ぶ
줄을 서다

- 映画館(えいがかん)の 前(まえ)に 切符(きっぷ)を 買(か)う ために 人(ひと)が 並(なら)んで います。
영화관 앞에 표를 사려고 사람이 줄을 서 있습니다.

並べる
なら
늘어놓다

- テーブルの 上に 皿を 並べて 食事の 準備を します。
  테이블 위에 접시를 늘어놓고 식사준비를 합니다.

なる
되다

- 春に なって 暖かく なって きました。
  봄이 돼서 따뜻해졌습니다.

- 日本に いる 間、 いろいろ お世話に なりました。
  일본에 있는 동안, 여러가지로 신세 많이 졌습니다.

⑤
동
사

鳴る
な
소리가 나다, 울리다

- エレベーターに たくさん 人が 乗って いたので ブザーが 鳴りました。
  엘리베이터에 많은 사람이 탔기 때문에 삑 소리가 났습니다.

慣れる
な
익숙해지다

- 日本に 来て 一年 経った 今、 やっと 日本の 生活 に 慣れてきました。
  일본에 와서 1년이 지난 지금, 겨우 일본생활에 익숙해졌습니다.

逃げる
に
도망치다

- 子供を 大声で 叱ったら 走って 逃げました。
  아이들에게 큰소리로 야단을 쳤더니 도망쳤습니다.

似る
に
닮다

- 弟は 母に 似て います。
  남동생은 엄마를 닮았습니다.

♠ 似(に)る 앞에 조사 に가 옴에 주의
♠ 似(に)たり寄(よ)ったりだ 엇비슷하다, 우열이 없다

脱ぐ
ぬ

벗다

- 家に 上がる ときは、 玄関で 靴を 脱がなければ なりません。
  집에 들어갈 때는 현관에서 신발을 벗지 않으면 안됩니다.

盗む
ぬす

훔치다

- 銀行強盗が お金を 盗んで 逃げました。
  은행 강도가 돈을 훔쳐서 도망쳤습니다.

塗る
ぬ

칠하다

- 姉は、爪に マニキュアを 塗って 出かけました。
  언니는 손톱에 매니큐어를 칠하고 나갔습니다.

♠ マニキュアを 塗(ぬ)る 매니큐어를 칠하다

濡れる
ぬ

젖다

- 急いで 走って きたら、汗で シャツが 濡れました。
  서둘러서 달려왔더니 땀으로 셔츠가 젖었습니다.

眠る
ねむ

잠들다

- このごろ、熱帯夜で なかなか 眠れません。
  요즘 열대야로 좀처럼 잠을 못 잡니다.

♠ 眠(ねむ)れない 잠들지 못하다 「眠(ねむ)る 잠들다」의 가능부정

寝る
ね

잠자다

- いくら 遅くても 十二時には 寝ます。
  아무리 늦어도 12시 안에는 잡니다.

♠ いくら~ても 아무리 ~해도

のこ
残る

남다

- まだ 宿題が **残って** いて 眠くても 寝られません。
  아직 숙제가 남아 있어서 졸려도 잘 수가 없습니다.

♠ 寝(ね)られない 잘 수가 없다 「寝(ね)る 자다」의 가능부정

のぼ
登る

올라가다

- 週末は いつも 近くの 山に **登ります**。
  주말에는 언제나 가까운 산에 오릅니다.

の
飲む

마시다

- 久しぶりに 友達と 夜遅くまで お酒を
  飲みました。
  오랜만에 친구와 밤늦도록 술을 마셨습니다.

の か
乗り換える

갈아타다

- サダン駅は ソウル駅で 四号線に **乗り換えれ**ば
  行けます。
  사당역은 서울역에서 4호선으로 갈아타면 갈 수 있습니다.

の
乗る

타다

- 急いで いたので、 タクシーに **乗って** 駅まで 行き
  ました。
  급했기 때문에 택시를 타고 역까지 갔습니다.

はい
入る

들어가다

- 二浪して やっと 念願の 大学に **入る** ことが
  できました。
  재수해서 겨우 원하는 대학교에 들어갈 수 있게 됐습니다.

はく (하의를) 입다, 신다	● スリッパを **はいて** <ruby>近<rt>ちか</rt></ruby>くの スーパーに <ruby>買<rt>か</rt></ruby>い<ruby>物<rt>もの</rt></ruby>に <ruby>行<rt>い</rt></ruby>きます。 슬리퍼를 신고 가까운 슈퍼로 물건을 사러갑니다.
<ruby>運<rt>はこ</rt></ruby>ぶ 나르다	● ホテルの ボーイが <ruby>荷物<rt>にもつ</rt></ruby>を **<ruby>運<rt>はこ</rt></ruby>んで** くれました。 호텔의 벨보이가 짐을 날라 주었습니다. ♠ <ruby>荷物<rt>にもつ</rt></ruby>を<ruby>運<rt>はこ</rt></ruby>ぶ 짐을 옮기다
<ruby>始<rt>はじ</rt></ruby>まる 시작되다	● <ruby>日本<rt>にほん</rt></ruby>では <ruby>四月<rt>しがつ</rt></ruby>から <ruby>学期<rt>がっき</rt></ruby>が **<ruby>始<rt>はじ</rt></ruby>まり**ます。 일본에서는 4월부터 학기가 시작됩니다.
<ruby>始<rt>はじ</rt></ruby>める 시작하다	● <ruby>子供<rt>こども</rt></ruby>の <ruby>頃<rt>ころ</rt></ruby> <ruby>日本語<rt>にほんご</rt></ruby>の <ruby>勉強<rt>べんきょう</rt></ruby>を **<ruby>始<rt>はじ</rt></ruby>め**ました。 어렸을 때 일본어 공부를 시작했습니다.
<ruby>走<rt>はし</rt></ruby>る 달리다	● <ruby>毎朝<rt>まいあさ</rt></ruby> <ruby>三十分間<rt>さんじゅっぷんかん</rt></ruby> グラウンドを **<ruby>走<rt>はし</rt></ruby>り**ます。 매일 아침 30분간 운동장을 뜁니다.
<ruby>働<rt>はたら</rt></ruby>く 일하다	● <ruby>私<rt>わたし</rt></ruby>の <ruby>父<rt>ちち</rt></ruby>は <ruby>七十歳<rt>ななじゅっさい</rt></ruby>を <ruby>過<rt>す</rt></ruby>ぎても、<ruby>元気<rt>げんき</rt></ruby>に **<ruby>働<rt>はたら</rt></ruby>いて** います。 우리 아버지는 70세가 넘었어도 건강하게 일하고 있습니다.

話す
はな

이야기하다

- 久^{ひさ}しぶりに 彼女^{かのじょ}に 会^あって、昔^{むかし}の 思^{おも}い出^でを 話^{はな}し ました。
  오랜만에 그녀와 만나서 옛날 추억을 이야기했습니다.

- もう ちょっと ゆっくり 話^{はな}して ください。
  좀 더 천천히 말해주세요.

払う
はら

지불하다

- 多^{おお}くの 韓国人^{かんこくじん}の 男性^{だんせい}は デートの 時^{とき}、お金^{かね}を 払^{はら}います。
  대다수의 한국인 남자는 데이트 할 때 돈을 냅니다.

- ♠ お金(かね)を 払(はら)う 돈을 지불하다

貼る
は

(종이 등을) 붙이다

- 壁^{かべ}に ポスターを 貼^はるのが 今^{いま}の 私^{わたし}の 仕事^{しごと}です。
  벽에 포스터를 붙이는 것이 지금 저의 일입니다.

- ♠ ポスターを 貼(は)る 포스터를 붙이다

晴れる
は

(날씨가) 개다

- 天気予報^{てんきよほう}に よると、明日^{あした}は 晴^はれる そうです。
  일기예보에 의하면 내일 날씨가 갠다고 합니다.

冷える
ひ

식다

- 昼^{ひる}は 暖^{あたた}かいが、夜^{よる}に なると 急^{きゅう}に 冷^ひえます。
  낮에는 따뜻하지만 밤에는 갑자기 추워집니다.

引く
ひ

(사전을) 찾다

- 分^わからない 単語^{たんご}が あれば 辞書^{じしょ}を 引^ひく という 習慣^{しゅうかん}が 大切^{たいせつ}です。
  모르는 단어가 있으면 사전을 찾는 습관이 중요합니다.

弾く
ひ

(악기를) 치다, 켜다

- タカコさんは ピアノを **弾く**のが 唯一の 趣味です。
ひ　　　　　　　ゆいいつ　しゅみ

  다카코 씨는 피아노 치는 것이 유일한 취미입니다.

びっくりする

깜짝 놀라다

- 突然 大きな 音が して **びっくりしました**。
とつぜん おお　　おと

  갑자기 큰 소리가 나서 깜짝 놀랐습니다.

♠ 音(おと)がする 소리가 나다

引っ越す
ひ こ

이사하다

- もっと 広くて 新しい アパートに **引っ越し**たい
ひろ　　あたら　　　　　　　　　　ひ こ
  です。

  좀 더 넓고 새로운 아파트로 이사하고 싶습니다.

開く
ひら

(문, 가게) 열다

- お父さんは 会社を 辞めて、新しく 店を **開き**ました。
とう　　かいしゃ や　　　あたら　　みせ ひら

  아버지는 회사를 그만두고 새로운 가게가 개업했습니다.

拾う
ひろ

줍다

- 道で 五千円を **拾い**ました。
みち ごせんえん ひろ

  길에서 5,000엔을 주었습니다.

増える
ふ

늘다

- 知らない うちに 体重が 八キロ **増え**ました。
し　　　　　　たいじゅう はち ふ

  모르는 사이에 체중이 8kg이 늘었습니다.

♠ 知(し)らないうちに 모르는 사이에
♠ 体重(たいじゅう)が増(ふ)える 체중이 늘다

吹く
ふ
불다

- 喫茶店を 出ると、外は 強い 風が **吹いて** いました。
  찻집을 나오자, 밖은 강한 바람이 불고 있습니다.

太る
ふと
살찌다

- 夜 ラーメンを 食べて 寝たので 一ヶ月に 五キロ も **太りました**。
  밤에 라면을 먹고 자서 한 달 만에 5kg나 살이 쪘습니다.

踏む
ふ
밟다

- うっかり となりの 人の 足を **踏んで** しまいました。
  잘못해서 옆 사람의 다리를 밟아 버렸습니다.

♠ うっかり 무심코, 깜빡
♠ 足(あし)を踏(ふ)む 다리를 밟다

降る
ふ
(비·눈이) 내리다

- 朝から 雨が **降って** います。
  아침부터 비가 내리고 있습니다.

誉める
ほ
칭찬하다

- 「子供は 叱る より **誉めろ**。」とは 良く いった ものです。
  '아이는 야단치는 것보다 칭찬하는 것이 낫다.'는 말은 정말 맞는 말입니다.

参る
まい
가다
来(く)る, 行(い)く 의 겸사말

- ちょっと 見て **参ります**。
  좀 보고 오겠습니다.

- 正月に 神社を お**参り**しました。
  정월에 신사에 참배했습니다.

曲がる
ま
방향을 바꾸다, 돌다

- 右に **曲がる**と 薬局が 見えます。
  오른쪽으로 돌면 약국이 보입니다.

負ける
ま
지다

- 彼女は 口喧嘩では **負け**た ことが ないと 評判です。
  그녀는 말싸움에서는 진 적이 없다고 유명합니다.

♠ 評判(ひょうばん) 평판, 소문남, 유명함

間違える
まちが
잘못하다, 틀리다

- 息子が このように なって しまったのは 私が
  育て方を **間違え**たから でしょうか。
  아들이 이처럼 되어 버린 것은 제 양육 방법이 잘못됐다는 말일까요?

待つ
ま
기다리다

- 仕方なく、 またの 機会を **待つ** ことに しました。
  하는 수 없이 다음 기회를 기다리기로 했습니다.
- 映画館の 前で 友達が 来るのを **待っ**て います。
  영화관 앞에서 친구가 오기를 기다리고 있습니다.

間に合う
ま あ
늦지 않게 시간에 대다

- 急いで いけば 約束の 時間に **間に合う** でしょう。
  서둘러 가면 약속시간에 맞게 갈 것입니다.

回る
まわ
돌다

- 月は 地球の 周りを **回り**ます。
  달은 지구 주위를 돕니다.

見える
보이다

- 真っ直ぐ 行くと 右手に ホテルが 見えます。
  곧장 가면 오른쪽으로 호텔이 보입니다.

磨く
닦다

- おじさんは 靴を 磨いて 生計を 立てて います。
  아저씨는 구두를 닦아 생계를 꾸려나가고 있습니다.

- 寝る 前に 必ず 歯を 磨きなさい。
  잠자기 전 반드시 이를 닦아요.

見せる
보이다

- 数日間 無断欠席を して いた ケンちゃんが
  教室に 姿を 見せました。
  며칠 간 무단결석을 한 켄이 교실에 모습을 보였습니다.

見つかる
발견되다

- 本の 中に 入れた はずの お金が いくらさがし
  ても 見つかりません。
  책 속에 넣어놓은 돈을 아무리 찾아도 못 찾겠습니다.

見つける
발견하다

- 銀河の 中に 惑星を 見つけました。
  은하 속에서 혹성을 발견했습니다.

見る
보다

- バスの 中から 外の 景色を 見るのが 好きです。
  버스 안에서 바깥 풍경을 보는 것을 좋아합니다.

むか
迎える

맞이하다

- 空港に 観光客を 迎えに 行きます。
  공항에 관광객을 맞이하러 갑니다.

♠ 迎(むか)えに行(い)く 마중가다

め あ
召し上がる

(음식을) 드시다
飲(の)む, 食(た)べる의 높임말

- 冷めない うちに 召し上がって ください。
  식기 전에 드세요.

♠ ～ないうちに ～하기 전에

もう あ
申し上げる

말씀드리다, 아뢰다
言(い)う의 겸사말

- 一言 申し上げたい ことが あります。
  한 말씀드리고 싶은 것이 있습니다.

もう
申す

말하다
言(い)う의 겸사말

- 私は 田中と 申します。
  저는 다나카라고 합니다.

も
持つ

들다, 가지다

- 彼女は 珍しい 切手を たくさん 持って います。
  그녀는 보기 드문 우표를 많이 가지고 있습니다.

もど
戻る

되돌아가다

- 忘れ物を して 家に 戻りました。
  잊은 것이 있어 집에 되돌아갔습니다.

♠ 忘(わす)れ物(もの)をする 물건을 잊다

貰う
もら

받다

- 一年分の 給料を 一度に もらいました。
いちねんぶん きゅうりょう いちど

  1년치 월급을 한 번에 받았습니다.

焼く
や

태우다

- ゴミは 焼いて 処分します。
や しょぶん

  쓰레기는 태워서 처분합니다.

役に立つ
やく た

도움이 되다

- 運動は 体力向上の 役に立ちます。
うんどう たいりょくこうじょう やく た

  운동은 체력 향상에 도움이 됩니다.

焼ける
や

구워지다,
(햇볕 등에) 타다

- もう 少しで お餅が 焼けるから ちょっと 待ってください。
すこ もち や ま

  좀 있으면 떡이 구워지니까 조금만 기다려.

- 一日 外に いて 日に 焼けました。
いちにちそと ひ や

  하루 종일 밖에 있어서 햇볕에 그을렸습니다.

休む
やす

쉬다

- 週末は どこにも 行かず ゆっくり 休む ことにします。
しゅうまつ い やす

  주말은 어디에도 가지 않고 푹 쉬기로 했습니다.

痩せる
や

마르다

- ダイエットで 一ヶ月に 五キロ 痩せました。
いっかげつ ご や

  다이어트로 한 달에 5kg 뺐습니다.

止む
や
멎다, 그치다

- 朝から 降り続いた 雨が やっと 止みました。
あ　　　　　ふ　つづ　　　　あめ　　　　　　や
아침부터 내린 비가 드디어 그쳤습니다.

止める
や
그만두다, 끊다

- 今年は タバコを 止めると 娘と 約束しました。
こ とし　　　　　　　　　　や　　　　　むすめ　やくそく
올해는 담배를 끊기로 딸아이와 약속했습니다.

やる
하다(=する),
주다(=あげる)

- 今日は 仕事が 終わったら 一杯 やりましょうか。
きょう　　しごと　　お　　　　　　いっぱい
오늘 일이 끝나면 한 잔 할까요?

- 飼って いる 犬を 散歩に 連れて いって やりました。
か　　　　　　　いぬ　　さんぽ　　つ
키우는 개를 산책시키러 데리고 나가 주었습니다.

揺れる
ゆ
흔들리다

- 風で 船が 揺れて います。
かぜ　ふね　　ゆ
바람에 배가 흔들리고 있습니다.

汚れる
よご
더러워지다

- 大掃除を して 服が 汚れました。
おおそうじ　　　　　ふく　よご
대청소를 해서 옷이 더러워졌습니다.

♠ 大掃除(おおそうじ)をする 대청소를 하다

呼ぶ
よ
부르다

- 遠くから 私の 名前を 呼ぶ 声が します。
とお　　　　わたし　なまえ　よ　　こえ
멀리서 내 이름을 부르는 소리가 납니다.

読む
よ

읽다

● 避暑地で 読む 小説を 準備して 行きます。
ひしょち　よ　しょうせつ　じゅんび　い

피서지에서 읽을 소설책을 준비해 갑니다.

寄る
よ

들르다

● 今日は 本屋に 寄ってから 帰る 予定です。
きょう　ほんや　よ　かえ　よてい

오늘은 서점을 들렀다가 돌아갈 예정입니다.

⑤ 동사

喜ぶ
よろこ

기뻐하다

● 大学合格を 家族と ともに 喜びました。
だいがくごうかく　かぞく　よろこ

대학 합격을 가족과 함께 기뻐했습니다.

沸かす
わ

끓이다

● カップラーメンを 食べようと お湯を 沸かし
た　ゆ　わ
ました。

컵라면을 먹으려고 물을 끓였습니다.

分かる
わ

알다

●「皆さん、 明日は 朝 十時に 集合です。」
みな　あした　あさ じゅうじ　しゅうごう
「はい、 分かりました。」
わ

"여러분, 내일은 아침 10시에 집합입니다." "네, 알겠습니다."

別れる
わか

헤어지다

● 先月 お互いの 性格の 不一致で 恋人と 別れま
せんげつ　たが　せいかく　ふいっち　こいびと　わか
した。

지난달 서로의 성격 차이로 애인과 헤어졌습니다.

♠ お互(たが)い 서로, 피차, 상호간

沸く
わく

끓다

- お腹が 空いたので 急いで カップラーメンを 買っ
てきたのに、ポットの お湯が なかなか 沸かなくて
食べられません。
배가 고파서 서둘러 컵라면을 사왔는데, 포트 물이 좀처럼 끓지 않아서
먹을 수가 없습니다.

忘れる
わす

잊다, 잊고 두고 오다

- 彼女は 事故で 昔の 記憶を すべて 忘れて しまい
ました。 그녀는 사고로 옛 기억을 다 잊어버렸습니다.
- 家に 教科書を 忘れて きました。
집에 교과서를 잊고 두고 왔습니다.

渡す
わた

건네다

- 課長に この 書類を 渡して くれますか。
과장님에게 이 서류를 건네주시겠습니까?

渡る
わた

건너다

- 幼児が 右手を 上げて 横断歩道を 渡って います。
유아가 오른 손을 들고 횡단보도를 건너고 있습니다.

笑う
わら

웃다

- お父さんは 部屋で テレビを 見て げらげら 笑って
います。
아버지는 방에서 텔레비전을 보면서 껄껄 웃고 있습니다.

割れる
わ

깨지다

- 一昨日の 地震で 窓ガラスが 割れました。
엊그제 지진으로 창문이 깨졌습니다.

Part 6

부사 副詞

ふくし

주로 동사나 형용사를 수식하는 단어로
일반적으로 상태부사, 정도부사, 호응부사로 나뉩니다.
의성어 · 의태어도 함께 정리되어 있으므로
부사를 총정리 하는 기분으로 학습하시길 바랍니다.

あまり
그다지

- その 歌手(かしゅ)は **あまり** 好(す)きじゃ ありません。
그 가수는 그다지 좋아하지 않습니다.

♠ ~では(~じゃ)ありません ~하지 않습니다

一番(いちばん)
가장

- 私(わたし)の **一番(いちばん)** 好(す)きな 動物(どうぶつ)は 犬(いぬ)です。
내가 가장 좋아하는 동물은 강아지입니다.

いっぱい
가득

- 食(た)べ過(す)ぎて お腹(なか)が **いっぱい**です。
과식해서 배가 부릅니다.

♠ 食(た)べ過(す)ぎる 과식하다, 지나치게 많이 먹다
♠ ~過(す)ぎる 너무 ~하다, 지나치게 ~하다

いつも
항상

- 彼女(かのじょ)は **いつも** 一人(ひとり)で 本(ほん)を 読(よ)んで います。
그녀는 항상 혼자서 책을 읽고 있습니다.

うろうろ
어슬렁어슬렁
목적도 없이 이리 저리
헤매는 모양

- 家(うち)の 前(まえ)を 若(わか)い 男(おとこ)が **うろうろ**して います。
집 앞을 젊은 남자가 어슬렁어슬렁 거리고 있습니다.

必ず
かなら

반드시, 필히

- 今度は **必ず** 成功して みせます。
こんど かなら せいこう
이번에는 반드시 성공하고 말겠습니다.

からから

깔깔
웃음소리

- 遠くから、**からから**と 笑う 声が します。(부사)
とお わら こえ
먼 곳에서 깔깔 웃는 소리가 납니다.
- 空気が からからに 乾いて います。
くうき かわ
공기가 바싹 마른 상태입니다. (な형용사–바싹 물기가 없는 모양)

がらがら

와르르
단단한 것이 한꺼번에 무너지거나
부딪쳐나는 소리

- 呪文を 唱えると、壁が **がらがら**と 崩れました。
じゅもん とな かべ くず
주문을 외우자, 벽이 와르르 무너졌습니다.
- ほかの 店は 繁盛して いると 言うのに、私の 店は
みせ はんじょう い わたし みせ
がらがらです。(な형용사–텅텅. 속이 빈 모양)
다른 가게는 북적거리는데 우리 가게는 텅텅 비었습니다.

きちんと

올바로, 정확히

- お母さんが 帰ってくる 前に、部屋を **きちんと**
かあ かえ まえ へや
片付けなさい。
かたづ
엄마가 돌아오기 전에 방을 말끔히 정리해.

きっと

반드시, 꼭

- 来年は **きっと** 合格する でしょう。
らいねん ごうかく
내년에는 꼭 합격하겠죠.

ぐうぐう

드르렁드르렁, 쿨쿨

- 父は **ぐうぐう** いびきを かきながら よく 寝て い
ちち ね
ます。
아버지는 드르렁드르렁 코를 골면서 잘 자고 있습니다.

ぐっすり

푹
곤히 잠든 모양

- 今夜は 涼しくて ぐっすり 眠れると 思います。
  오늘밤은 선선해서 푹 잘 수 있을 것 같습니다.

ぐらぐら

흔들흔들
몹시 흔들리는 모양

- 虫歯が ぐらぐらして 痛いです。
  충치가 흔들흔들 거려서 아픕니다.

決して

결코, 절대로

- 人には 決して 言わないで ください。
  다른 사람에게는 절대로 말하지 말아 주세요.

ざあざあ

쏴아쏴아
비가 내리는 모양

- 朝から ざあざあと 雨が 降りつづきます。
  아침부터 쏴아쏴아 비가 계속 내리고 있습니다.

さっき

앞서, 아까

- さっきまで 雨が 降って いましたが、もう 止みました。
  아까까지 비가 내리고 있었지만, 이제 그쳤습니다.

じゃあじゃあ

콸콸
물이 강하게 나오는 소리

- じゃあじゃあ 水を 使わないで、少しは 節約しなさい。
  물을 콸콸 사용하지 말고 조금은 절약하세요.

しっかり

확실히

- 最近は、若いのに しっかりしている 人が 多いです。
さいきん　　わか　　　　　　　　　　　　　　　ひと　おお
요즘은 젊은데도 확실한 사람이 많습니다.

しばらく

잠시, 잠깐

- 疲れたので しばらく ここで 休みましょう。
つか　　　　　　　　　　　　　　　やす
지쳤으니까 여기서 잠시 쉬도록 합시다.

十分
じゅうぶん

충분히

- もう 十分 いただきました。(부사)
じゅうぶん
이미 충분히 먹었습니다.
- 疲労には 十分な 休養が 必要です。(な형용사)
ひろう　　　じゅうぶん　きゅうよう　ひつよう
피로에는 충분한 휴식이 필요합니다.

ずいぶん

무척, 아주, 대단히

- お久しぶりです。ずいぶん 大きく なりましたね。
ひさ　　　　　　　　　　　　おお
오랜만입니다. 무척 컸네요. (부사)
- 久しぶりに 会ったのに ずいぶんな 話を された。
ひさ　　　　　あ　　　　　　　　　　　はなし
오랜만에 만났는데 아주 많은 대화를 했다. (な형용사)

すぐ(に)

바로, 곧, 당장

- 困った 時に、すぐに 見て 使える ような ビジネ
こま　　とき　　　　　　　み　つか
ス会話の 本が 欲しいです。
かいわ　　ほん　ほ
곤란할 때 바로 보고 쓸 수 있는 그런 비즈니스 회화 책을 원합니다.

少し
すこ

조금

- 寒いので 少し 温度を 上げても 構いませんか。
さむ　　　　すこ　おんど　あ　　　　かま
추운데 조금 온도를 올려도 괜찮겠습니까?

すっかり

완전히, 모두

- 学校を 卒業して 数年しか 経って いないけど、クラスメートの 名前を **すっかり** 忘れて しまいました。
  学교를 졸업한 지 몇 년밖에 안 됐는데, 반 친구들 이름을 죄다 잊어버렸습니다.

ずっと

훨씬, 줄곧

- 都会よりも 田舎が **ずっと** 空気が きれいです。
  도시보다 시골이 훨씬 공기가 깨끗합니다.
- 先生は イタズラを した 生徒を 廊下に **ずっと** 立たせました。
  선생님은 장난친 학생을 복도에 줄곧 세워뒀습니다.

ぜひ

꼭

- **ぜひ** 一度 遊びに 来て ください。
  꼭 한번 놀러 오세요.
- 今度の 試合は **ぜひ** 勝ちたいです。
  이번 시합은 꼭 이기고 싶습니다.

全然

전혀

- いくら 説明を 聞いても **全然** 理解 できません。
  아무리 설명을 들어도 전혀 이해가 되지 않습니다.

それほど

그 정도, 그만큼

- 美しいと よく 言われますが **それほど** でも ありませ~
  아름답다고 자주 소리를 듣지만 그 정도는 아닙니다.
- **それほど** 欲しいなら 買って あげよう。
  그만큼 갖고 싶으면 사주지.

そろそろ

슬슬

- 夜遅いので **そろそろ** 家へ 帰ります。
  오늘은 늦었으니까, 슬슬 집에 가보겠습니다.

大体 (だいたい)
대개, 대충, 거의

- 事件は **大体** 片付きました。
  사건은 거의 정리되었습니다.

♠ 片付(かたづ)く 해결되다, 결말나다

たいてい
대체로

- 私は **たいてい** 夜 十二時に 寝ます。
  나는 대체로 12시에 잡니다.

大分 (だいぶ)
제법

- 病気が **大分** 良く なりました。
  병이 제법 좋아졌습니다.

大変 (たいへん)
매우

- この 度は **大変** お世話に なりました。
  이번에는 매우 폐가 많았습니다.

たくさん
많이

- 私は 本を **たくさん** 持って います。
  나는 책을 많이 가지고 있습니다.

確か (たし)
확실히, 분명히

- あの 人は **確か** 有名な 人だったと 思います。
  저 사람은 분명히 유명한 사람이라고 생각합니다.
- 明日 授業が 休講なのは **確か**です。
  내일 수업이 휴강인 것은 분명합니다.

6
부
사

例えば
たと

예를 들면

- **例えば**、月が 地球を 回る ように、私は あなたの 側
たと　　　つき　　ちきゅう　まわ　　　　　　　わたし　　　　　　そば
から 離れません。
はな
예를 들면 달이 지구를 도는 것처럼 나도 당신 곁에서 떨어지지 않습니다.

多分
た ぶん

아마

- 彼は **多分** 来ない だろう。
かれ　　た ぶん　こ
그는 아마 오지 않을 것이다.

たまに

이따금, 어쩌다

- いつもは いい加減な 彼ですが、**たまに** 一生懸命に
か げん　　かれ　　　　　　　　　　　いっしょうけんめい
なる ことも あります。
언제나 미적지근한 그지만, 어쩌다 열심히 할 때도 있습니다.

だんだん

점점, 차츰

- 太鼓の 音が **だんだん** 近付いてきました。
たいこ　　おと　　　　　　　　　ちかづ
북 소리가 점점 가까워져 왔습니다.

ちっとも

조금도

- **ちっとも** 状況が 変わりません。
じょうきょう　か
조금도 상황이 변하지 않았습니다.

ちょうど

정각, 딱

- お腹が ペコペコだと 思ったら、時計は **ちょうど**
なか　　　　　　　　　　おも　　　　　とけい
十二時を 指して いました。
じゅうにじ　さ
배가 고프다고 생각했더니, 시계는 정확히 12시를 가리키고 있었습니다.

ちょっと

잠깐

- 今から **ちょっと** 出かけてきます。
  지금부터 잠깐 나갔다 오겠습니다.

どうぞ

어서, 아무쪼록
상대방에게 무엇을 권하거나
허락하거나 할 때 쓰는 말

- 次の 方、 **どうぞ**。
  다음 분, 오세요.
- **どうぞ** 病気が 治ります ように。
  아무쪼록 병이 낫기를.

とうとう

마침내

- 苦労していた 研究が **とうとう** 完成しました。
  고생하던 연구가 마침내 완성되었습니다.

6

부
사

どうも

대단히, 어쩐지

- 忙しいところ、 **どうも** すみませんでした。
  바쁘신 중에 대단히 죄송합니다.
- **どうも** 変だと 思いました。
  어쩐지 이상하다고 생각했습니다.

時々

때때로

- 明日の 天気は 晴れ **時々** 曇です。
  내일 날씨는 맑음 때때로 구름입니다.

どきどき

두근두근
걱정이나 조바심으로
가슴이 두근거리는 모양

- 彼女と 目が 合うと、 いつも **どきどき**します。
  그녀와 눈이 마주치면 항상 두근두근 거립니다.

とく **特に** 특히	• 私は 肉料理が 好きですが、その 中でも **特に** しゃぶしゃぶが 大好きです。 나는 고기 요리를 좋아하지만, 그 중에서도 특히 샤부샤부가 제일 좋습니다.
とても 매우, 도저히	• 私の 母は 歌が **とても** 上手です。 내 어머니는 노래를 매우 잘합니다. • エアコンが 故障したので、夜は 暑くて **とても** 寝られません。 에어컨이 고장 나서 저녁에는 더워서 도저히 잘 수가 없습니다.
どんどん 탕탕, 쾅쾅, 둥둥 포성이나 북소리	• 太鼓の **どんどん** という 音が 聞こえて きます。 今日は お祭りなんですね。 둥둥하는 북 소리가 들려옵니다. 오늘은 축제날이군요.
なかなか 꽤, 상당히, 좀처럼	• この ケーキは **なかなか** おいしいね。 이 케이크는 꽤 맛있네. • 日本語を 毎日 勉強して いますが、**なかなか** 上手に なりません。 일본어를 매일 공부하고 있지만 좀처럼 능숙해지지 않습니다.
なるべく 되도록, 될 수 있는 한	• 明日は 出かけるので、**なるべく** 早く 寝ようと 思います。 내일은 외출하니까 되도록 빨리 자려고 생각합니다.
なるほど 과연	• この 花火大会は すごいと 聞いては いましたが、 **なるほど** 見事です。 이 불꽃대회는 굉장하다고 들었는데, 과연 장관입니다.

にこにこ

생글생글

● 隣の おじいさんは、 いつも **にこにこ** 笑って 挨拶
して くれます。

옆집 아저씨는 언제나 생글생글 웃으면서 인사해 주십니다.

のんびり

느긋함, 한가로움

● 今日は 久しぶりに 家で **のんびり**したいです。

오늘은 오랜만에 집에서 느긋하게 있고 싶습니다.

初めて

처음(으로), 비로소

● 私が 外国人と 英語で 話したのは 今日が **初めて**
です。

내가 외국인과 영어로 이야기한 것은 오늘이 처음입니다.

始めに

처음에

● **始めに** 野菜を 炒め、 次に ご飯を 入れて 炒め
ます。

처음에는 야채를 볶고, 다음에 밥을 넣어 볶습니다.

はっきり

똑똑히

● 大きい 声で **はっきり**と 発音すれば、 もっと
日本語が 上手に なりますよ。

큰 소리로 똑똑히 발음하면 더욱 일본어를 잘하게 돼요.

普通

보통

● 日本では **普通** 靴を 脱いで 家に 入りますが、 私
の 家では 靴を 脱ぎません。

일본에서는 보통 구두를 벗고 집에 들어갑니다만, 우리 집에서는
구두를 벗지 않습니다.

非常に
ひじょう

대단히

- これは 会社の 将来に とって、非常に 重要な 選択です
かいしゃ しょうらい ひじょう じゅうよう せんたく

이것은 회사 장래에 있어 대단히 중요한 선택입니다.

別に
べつ

별로

- 私の 彼氏は いつも 同じ 話しばかりするので、
わたし かれし おな はな

電話をくれても 別に うれしくは ありません。
でんわ べつ

내 남자친구는 항상 같은 말만 해서 전화를 줘도 별로 즐겁지 않습니다.

ぺこぺこ

꼬르륵꼬르륵
배고픈 모양

- お母さん! お腹 ぺこぺこだよ。ご飯 まだ?
かあ なか はん

엄마! 배가 너무 고파. 밥 아직?

ぺらぺら

술술
외국어 등이 유창한 모양

- 私の お姉さんは 英語が ぺらぺらです。
わたし ねえ えいご

우리 언니는 영어가 유창합니다.

ほっと

휴우
한숨을 돌리는 모양

- 期末試験が 終わって、ほっと 一息 つきました。
きまつしけん お ひといき

기말시험이 끝나서 휴우 하고 한숨을 돌렸습니다.

ほとんど

거의

- 宿題は ほとんど 終わりましたが、最後の 問題が
しゅくだい お さいご もんだい

とても 難しいです。
むずか

숙제는 거의 끝났지만, 마지막 문제가 매우 어렵습니다.

ほんとう
本当に

정말로

- **本当に** 一人で 大丈夫ですか。
ほんとう　ひとり　　　だいじょうぶ
정말로 혼자서 괜찮겠습니까?

まず

우선

- **まず** フライパンに 油を しいて、 温めて ください。
　　　　　　　　　　あぶら　　　　　　　あたた
먼저 프라이팬에 기름을 두르고 데워주세요.

♠ 油(あぶら)をしく 기름을 두르다

また

또

- 今日は とても 楽しかったです。 では **また** 来週。
きょう　　　　　たの　　　　　　　　　　　　　　　らいしゅう
오늘은 아주 즐거웠습니다. 그럼, 또 다음주에.

まだ

아직

- 森さんは **まだ** ですか。　 모리 씨는 아직 입니까?
もり

- けがは ほとんど 治りましたが、 雨の 日は **まだ**
　　　　　　　　　　　なお　　　　　　　あめ　ひ
少し 痛みます。
すこ　いた
상처는 거의 나았습니다만, 비가 오는 날에는 아직 조금 아픕니다.

まっすぐ

곧장

- この 道を **まっすぐ** 行けば 駅に 着きます。
　　　みち　　　　　　　　い　　　　えき　つ
이 길을 곧장 가면 역에 도착합니다.

みな

모두

- 犬も 鳥も 人も、 **みな** 同じ 生き物です。
いぬ　とり　ひと　　　　　　おな　い　もの
개도 새도 사람도 모두 같은 생명체입니다.

もう
이미, 벌써, 더

- 宿題は **もう** 提出しました。
  숙제는 이미 제출했습니다.

- **もう** すこし 頑張れば 頂上だ。
  조금 더 노력하면 정상이다.

もうすぐ
머지않아

- **もうすぐ** お父さんが 出張先から 帰って きます。
  머지않아 아버지가 출장에서 돌아오십니다.

もし
만일

- **もし** 空を 飛べる なら、まっすぐに あなたに 会いに 行く でしょう。
  만약 하늘을 날 수 있다면, 곧장 당신을 만나러 가겠죠.

もちろん
물론

- 仕事は **もちろん** 大事だけれど、家族が もっと 大事です。
  일은 물론 중요하지만, 가족이 더 중요합니다.

もっと
더욱

- 今年の 夏は 去年より **もっと** 暑く なる そうです。
  올 여름은 작년보다 더욱 덥다고 합니다.

やっと
겨우

- **やっと** 夏が 終わったと 思ったら、もう 冬です。
  겨우 여름이 끝났다고 생각했더니 이미 겨울입니다.

やっぱり **やはり** 역시	• 京都に 行くなら、やはり 秋です。 교토에 간다면 역시 가을이 좋습니다.
ゆっくり 천천히	• 時間は たくさん あるから、ゆっくり 歩きましょう。 시간은 많이 있으니까 천천히 걷죠.
よく 잘, 곧잘, 자주	• よく やった。 잘했다. • ここは 私が 学生時代 よく 通った 店です。 여기는 내가 학창시절 자주 다니던 가게입니다.
よちよち 아장아장, 비틀비틀 아이 등이 걷는 모양	• 鶏の 後を ひよこが よちよちと ついて います。 닭 뒤를 병아리가 비틀비틀 따라 갑니다.
わくわく 두근두근 기대나 기쁨으로 마음이 설레는 모양	• もうすぐ 日本に 旅行に 行くと 思うと、 わくわくしますね。 이제 곧 일본에 여행 간다고 생각하니 두근두근 거리네요.
割合に 비교적, 예상보다	• 今年の 梅雨は 割合に 早く 終わりました。 올 장마는 비교적 빨리 끝났습니다.

6
부사

하루 10분
일본어능력시험

N3
N4
N5

NEW
일본어
단어장

Part 7

접속사 接続詞

せつぞくし

문장 가운데의 두 성분 또는 문장과 문장을 이어주는 말입니다.
だから, したがって 등 접속을 나타내는 말과
しかし, けれども 등 역접을 나타내는 말 등이 있습니다.

が 그러나, 하지만	• コンサートには 早めに 着きました。**が** すでに 多くの 人が 集まって いました。 콘서트장에는 일찍 도착했습니다. 하지만, 이미 많은 사람이 모여 있었습니다.
けれども 하지만, 그러나	• 話は つまらない。**けれども** 約束なので 最後まで 聞 く つもりです。 이야기는 재미없다. 하지만 약속했기 때문에 끝까지 들어줄 생각입니다.
しかし 그러나	• 今は 晴れて います。**しかし** 風が 強くて 雨が 降り そうです。 지금은 맑습니다. 그러나 바람이 강해서 비가 내릴 것 같습니다.
しかも 그 위에, 게다가	• あの 方は 私の 恩師で **しかも** 命の 恩人です。 저 분은 내 은사님이며, 그 위에 목숨의 은인입니다.
すると 그러자	• 箱の 蓋を 開けました。**すると** 中から 白い 煙が 出て きました。 상자 뚜껑을 열었습니다. 그러자 안에서 하얀 연기가 나왔습니다.

そこで

그래서

- 今年の 夏は とても 暑い そうです。**そこで** エアコンを 買う ことに しました。

  올해 여름은 아주 덥다고 합니다. 그래서 에어컨을 사기로 했습니다.

そして

그리고

- 彼は 3日間 走り続けました。**そして** ついに 故郷に 到着しました。

  그는 3일간 계속 달렸습니다. 그리고 드디어 고향에 도착했습니다.

それから

그리고 나서, 그 다음에

- フライパンに 油を しき、温めます。**それから** 肉を 炒めます。

  프라이팬에 기름을 두르고 데웁니다. 그 다음에 고기를 볶습니다.

7

접속사

それで

그래서

- 彼女は 日本の アニメが 大好きです。**それで** 日本語の 勉強を はじめた そうです。

  그녀는 일본 만화를 아주 좋아합니다. 그래서 일본어 공부를 시작했다고 합니다.

それでは

그러면

- 彼女は 別れるのに 理由は ないと 言うが、**それでは** 僕は とうてい 納得できません。

  그녀는 헤어지는 데 이유가 없다고 하지만, 그러면 나는 도저히 납득이 가지 않습니다.

それとも

그렇지 않으면

- 公園まで バスで 行きましょうか、**それとも** タクシーで 行きましょうか。

  공원까지 버스로 갈까요? 그렇지 않으면 택시로 갈까요?

それに
게다가

- 風邪を ひいて 頭が 痛いです。それに 熱も
あります。
감기에 걸려서 머리가 아픕니다. 게다가 열도 있습니다.

だから
따라서, 그러니까

- 彼は ずっと 怒って いた。だから 態度が 冷たかっ
たのだ。
그는 계속 화가 나 있었다. 따라서 태도가 차가웠던 것이다.

では
그럼

- 「一人娘が 先週 嫁ぎましてね。」
「では、寂しいでしょうね。」
"외동딸이 저번주에 시집가서요."
"그럼, 외로우시겠네요."

でも
하지만

- 先週は 風邪を ひいて 大変でした。でも 学校は
休みませんでした。
저번 주에는 감기에 걸려서 힘들었습니다. 그래도 학교는 쉬지 않았습니다.

ところが
그러나

- 畑に 種を まきました。ところが それを からすが
全部 食べて しまいました。
밭에 씨를 뿌렸습니다. 그러나 그것을 까마귀가 전부 먹어 버렸습니다.

ところで
그런데, 그건 그렇다 하고

- 元気に 働いて いるそうだな。ところで 彼女は
できたのか。
건강하게 일하고 있는 것 같네. 그런데 여자 친구는 생겼어?

また

또

- この 寺は 歴史のある 建物として 有名です。
また、 花見の 名所としても 知られて います。

이 절은 역사 있는 건물로 유명합니다. 또 꽃구경 명소로도 알려져
있습니다.

または

또는, 혹은

- スープの 粉は、 水 **または** お湯で 溶かして
ください。

스프 가루는 물 또는 따뜻한 물로 녹여 주세요.

하루 10분
일본어능력시험

N3
N4
N5

NEW
일본어
단어장

Part 8

의문사 疑問詞

ぎもんし

의문문에서 의문을 표현하는 말입니다.
なに · だれ · いつ 등의 의문대명사, なぜ · どう 등의
의문부사, どの · どんな 등과 같은 연체사 등이 있습니다.

どう・いかが

어떻게

- 気分は **どう**ですか。
  기분은 어때요?
  きぶん
- この 赤い 色の ワンピースは **いかが**ですか。
  あか　いろ
  이 빨간 색 원피스는 어떠십니까?
  🍀 いかがは どうの 공손한 말씨

どうして

어째서

- 昨日は **どうして** 来なかったんですか。
  きのう　　　　　　　　 こ
  어제는 어째서 오지 않았습니까?

どこ

어디

- **どこ**に 行きますか。
  い
  어디에 갈까요?
- **どこ**から 来ましたか。
  き
  어디에서 왔습니까?

どちら

어디, 어느 쪽

- すみませんが、トイレは **どちら**ですか。
  죄송합니다만, 화장실은 어디입니까?
- 和食と 洋食とでは **どちら**が いいですか。
  わしょく　ようしょく
  일식과 양식 중에서 어느 쪽이 좋습니까?
  🍀 どちらは どこの 공손한 말씨

**どの・あの
・どのぐらい**

어느, 저, 얼마큼

- あなたは **どの** バスで 来ましたか。
  き
  당신은 어느 버스로 왔습니까?
- **あの** 建物は 新しいです。
  たてもの　 あたら
  저 건물은 새것입니다.

どれ

어느 것

- コーヒーと 紅茶(こうちゃ)と ミルクが ありますが、どれに しますか。

  커피와 홍차와 우유가 있습니다만, 어느 것으로 하시겠습니까?

♠ 세 개 이상이 있는 경우 그 중에 하나를 선택할 때 사용

どんな

어떤

- どんな 韓国料理(かんこくりょうり)が 好(す)きですか。

  어떤 한국 요리를 좋아합니까?

何

なに・なん

무엇

- あの 花(はな)の 名前(なまえ)は 何(なん)ですか。

  저 꽃의 이름은 무엇입니까?

8

의문사

Part 9

조사 助詞

じょし

자립어 또는 자립어 부속에 붙어 문법적 관계를 나타내거나
뜻을 더하기도 합니다.
용법을 구분하는 문제가 출제되므로
용법에 주의해서 학습하시길 바랍니다.

조사 助詞

~か

~까

- 中に 誰か いますか。안에 누군가 있습니까? (의문사+か)
- 金曜日か 土曜日に 映画を 見に 行きませんか。
금요일이나 토요일에 영화를 보러가지 않겠습니까?

~か

~가, ~인지, ~이나

- 誰か この 問題が 解ける 人 いませんか。(의문사+か)
누군가 이 문제를 풀 수 있는 사람, 없습니까?
- 答えは ボールペンか 鉛筆で 書いて ください。(선택)
답은 볼펜이나 연필로 써 주세요.

~か~か

~입니까? ~입니까?

- これは 日本の ものですか、中国の ものですか。(양자택일)
그것은 일본 것입니까, 중국 것입니까?

~か~ないか

~할지, ~안 할지

- 旅行に 行くか 行かないかは あなたの 自由です。
여행에 갈지 안 갈지는 당신의 자유입니다.

~から

~로, ~로부터, ~ 때문에

- チーズは 牛乳から 作られて います。(재료)
치즈는 우유에서 만들어집니다.

~が

~이, ~가, ~이지만

- まず、私が 説明しますから よく 聞いて ください。(주어)
  먼저, 내가 설명할 테니까 잘 들으세요.
- もしもし、昭和商事の 田中と 申しますが、社長は いらっしゃいますか。(순접)
  여보세요, 쇼와상사에 다나카라고 합니다만, 사장님 계십니까?
- この 帽子も きれいですが、あの 帽子の ほうが もっと いいです。이 모자는 예쁘지만, 저 모자가 더 좋습니다. (역접)
- 今年は 彼氏が できます ように。(대상, 희망)
  올해는 남자친구가 생기길.

~ぐらい

~정도, ~쯤

- 問題を 三つぐらい 間違ったからと いって そんなに 落胆する ことは ありません。
  문제를 3개 정도 틀렸다고 해서 그렇게 낙담할 필요는 없습니다.

~し

~하고

- この レストランは 値段も 安いし、味も いいし、大満足です。
  이 레스토랑은 가격도 싸고, 맛도 좋고, 대만족입니다.
- うちの 子どもは 勉強も できるし、運動も 人並み 以上 です。우리 애는 공부도 잘 하고, 운동도 보통사람 이상입니다.

~しか

~밖에

- お腹が すいて いたのに、少ししか 食べられま せんでした。
  배가 고픈데도 조금밖에 먹을 수 없었습니다.

~だけ

~만, ~뿐

- 永遠に あなただけを 愛し続けます。
  영원히 당신만을 계속 사랑하겠습니다.
- チャンスは 一回だけです。
  찬스는 한 번뿐입니다.

9

조사

~に

~에, ~하러, ~에게

- 社長は 会議室に います。 사장님은 회의실에 있습니다. (장소)
- 毎朝 何時に 起きますか。 매일 아침 몇 시에 일어납니까? (시간)
- 日本へ 留学に 行きたいです。 (목적)
  일본에 유학 가고 싶습니다.
- 日曜日は 母と 買い物を しに 行きました。 (동사의 ます형+に)
  일요일에는 어머니와 쇼핑을 하러 갔습니다.
- 私は 友達に 電話を しました。 (대상)
  나는 친구들에게 전화를 했습니다.

~ても

~해도

- どんな ことが あっても 彼とは 絶対 別れません。
  어떠한 일이 있어도 그와는 절대 헤어지지 않습니다.

~でも

~라도

- 暑いから 冷たい ものでも 飲みませんか。 (예시)
  더우니까 찬 것이라도 마시겠습니까?
- 彼なら 何でも 出来ます。 (전면적 긍정)
  그러면 무엇이든 할 수 있습니다.

~と

~와, ~와 함께

- はじめに 受験番号と 名前を 言って ください。
  처음에 수험번호와 이름을 말하세요. (명사의 등위접속)
- 昨日 家族と いっしょに 遊園地に 行きました。
  어제 가족과 함께 유원지에 갔습니다. (동작의 공동)

~な

~하지 마라

- 関係者以外は 入るな。 관계자 이외에는 들어오지 마라. (금지)
- 危険だから 触るな。 위험하니까 만지지 마라. (금지)

~から

~로부터, ~부터, ~하기 때문에

- あなたは どこから 来ましたか。
  당신은 어디서 왔습니까? (장소)
- 九時から テストが 始まります。
  9시부터 시험이 시작됩니다. (시간)
- これは お客さんから もらった お土産です。
  이것은 손님으로부터 받은 선물입니다. (대상)
- 今日は 熱が あるから 病院に 行こうと 思って います。
  오늘은 열이 있어서 병원에 가려고 생각하고 있습니다. (이유)

~など

~ 등

- 筆箱の 中には 鉛筆や 消ゴム などが 入って います。 필통 안에는 연필과 지우개 등이 들어 있습니다.
- 私の 部屋には 本や パソコン などが あります。
  내 방에는 책이랑 컴퓨터 등이 있습니다.

~に

~에게, ~한테

- 公園で 彼氏と デートして いたら、父に 名前を 呼ばれました。 (수동의 동작주)
  공원에서 그와 데이트 하고 있었는데, 아버지께서 이름을 불렀습니다.
- 山本さんに その 仕事を 続けさせる ことは できません。 (사역의 동작주)
  야마모토 씨한테 그 일을 계속 시킬 수는 없습니다.

~には

~에게는, ~는

- 彼女には 私から 話しますから、心配しないで ください。
  그녀에게는 내가 말 할 테니 걱정하지 마세요.

~の

~것, ~하는 거야?

- 帰り道、スーパーに 寄って くるのを 忘れて しまいました。 (문장의 명사화)
  돌아오는 길에, 슈퍼에 들르는 것을 잊어버리고 말았습니다.
- そんな おしゃれして どこへ 行くの。 (종조사)
  그렇게 꾸미고 어디 가는 거야?

9
조사

～で
～에서, ～로, ～ 때문에

- 明日、九時に 駅の 前で 会いましょう。 (장소)
  内일 9시에 역 앞에서 만납시다.

- 昨日 大きな 地震で 家が 倒れました。 (이유)
  어제 큰 지진으로 집이 무너졌습니다.

- チーズは ミルクで 作ります。 (방법, 도구, 재료)
  치즈는 우유로부터 만들어집니다.

- 外国に いる とき、彼女とは 手紙で 連絡しました。
  외국에 있을 때, 그녀와는 편지로 연락했습니다. (방법, 도구, 재료)

～ので
～이므로, ～하기 때문에

- 田舎から 野菜を たくさん もらったので、となりの
  人に 分けて あげました。 (이유)
  시골에서부터 야채를 많이 받았기 때문에, 이웃 사람에게 나눠 주었습니다.

～で
～에, ～이면

- 駅まで 歩いて 五分で 行けます。
  역까지 걸어서 5분에 갈 수 있습니다.

～のに
～인데도

- 一生懸命 働いて いるのに、お金が たまりません。
  열심히 일을 하고 있는 데도 돈이 모이지 않습니다. (역설)

～ね
～군요, ～지요

- 景色が 本当に きれいですね。
  경치가 정말 좋군요.

~と
~하면, ~하니까

- 春に なると 花が 咲きます。(~하면, 자연현상)
  봄이 되면 꽃이 핍니다.
- 2と 3を 足すと 5に なります。(~하면, 불변의 진리)
  2에다 3을 더하면 5가 됩니다.
- もっと 勉強しないと、大学に 入れません。(~하면, 가정)
  좀 더 공부하지 않으면 대학에 들어갈 수 없습니다.
- この 道を 真っ直ぐ 行くと、駅に 出ます。(~하면, 조건)
  이 길을 똑바로 가면 역이 나옵니다.
- 窓を 開けると、涼しい 風が 入って きました。(~하니까, 발견)
  창을 열자 선선한 바람이 들어왔습니다.

~の
~의, ~것

- 駅の 近くに 喫茶店が あります。
  역 근처에 찻집이 있습니다.
- 眼鏡を かけて いる 人が 私の 父です。
  안경을 쓰고 있는 사람이 우리 아버지입니다.

~は
~은, ~는

- 昨日 ドラマは 見ませんでした。
  어제 드라마는 못 봤습니다.

~へ
~에

- 明日 何時に 学校へ 行きますか。(방향)
  내일 몇 시에 학교에 갑니까?

~まで
~까지

- 家から 会社まで 一時間 ぐらい かかります。(장소)
  집에서 회사까지 1시간 정도 걸립니다.
- 授業は 何時から 何時まで ですか。(시간)
  수업은 몇 시 부터 몇 시까지입니까?

~も
~도

- 東京に 行きました。それから 大阪にも 行きました。
  도쿄에는 갔습니다. 그리고 나서 오사카에도 갔습니다. (같은 내용의 사실)
- 来週は 火曜日も 木曜日も 休みです。(~도, ~도)
  다음 주에는 화요일도 목요일도 쉽니다.

~も
~이나

- あの 芸能人の 靴は 二十万も する そうです。
  저 연예인 구두는 20만 엔이나 한다고 합니다. (예상 이상)

~や
~이랑

- 昨日 デパートで 服や 靴を 買いました。(병렬)
  어제 백화점에서 옷이랑 구두를 샀습니다.

~を
~을, ~를

- お兄ちゃんは 毎晩 野球中継を 見ます。(목적어)
  오빠는 매일 밤 야구 중계를 봅니다.
- 私は 毎朝 八時に 家を 出ます。(기점, 경로, 경유지 등)
  나는 매일 아침 8시에 집을 나섭니다.

Part 10

외래어 外来語

がいらいご

가타가나 읽기 문제는 매년 1문제 정도 출제되고 있습니다.
히라가나를 가타가나로 바꿔서 읽을 수 있는지를
묻는 문제가 출제되므로
읽기 연습을 많이 하시길 바랍니다.

외래어 外来語

アクセサリー
액세서리

- 女性は アクセサリーを 集めるのが 好きです。
  여성은 액세서리를 모으는 것을 좋아합니다.

♠ 集(あつ)める 모으다
♠ ～が好(す)きだ ～을 좋아하다

アジア
아시아

- アジアには かなりの 人種が 存在します。
  아시아에는 꽤 많은 인종이 존재합니다.

♠ かなり 꽤, 상당히
♠ 人種(じんしゅ) 인종
♠ 存在(そんざい)する 존재하다

アナウンサー
아나운서

- アナウンサーは 言葉を 正しく 使うように いつも
  努力しています。
  아나운서는 말을 정확하게 사용하도록 항상 노력하고 있습니다.

アパート
아파트

- 韓国の アパートと 日本の アパートは 少し 違います。
  한국의 아파트와 일본의 아파트는 조금 다릅니다.

アフリカ
아프리카

- 日本人に とって アフリカは 遠い 存在かも
  しれません。
  일본인에게 있어 아프리카는 먼 존재일지도 모릅니다.

アメリカ

미국

• 私は アメリカに 一度も 行った ことが ありません。
  나는 미국에 한 번도 간 적이 없습니다.

♠ ～たことがある ～한 적이 있다
♠ ～たことがない ～한 적이 없다

アルコール

알코올

• アルコールが 入って いる チョコレートも あります。
  알코올이 들어간 초콜릿도 있습니다.

アルバイト

아르바이트
독일어

• 長谷川さんは アルバイトを しながら 勉強して います。
  하세가와 씨는 아르바이트를 하면서 공부하고 있습니다.

エスカレーター

에스컬레이터

• ソウルでは 急ぐ 人は エスカレーターの 左側を 歩きます。
  서울에서는 급한 사람은 에스컬레이터의 왼쪽을 걷습니다.

エレベーター

엘리베이터

⑩ 외래어

• この ビルは 七階建て なのに エレベーターが なくて 不便です。
  이 빌딩은 7층 건물인데도 엘리베이터가 없어서 불편합니다.

オートバイ

오토바이

• この頃は 女性も オートバイに 乗ります。
  요즘은 여성도 오토바이를 탑니다.

オーバー

오버코트

- 冬に なると **オーバー**が いくつか 必要です。
  겨울이 되면 오버코트가 몇 개쯤은 필요합니다.

カーテン

커튼

- 日差しが 厳しいので **カーテン**を 引きましょう。
  햇살이 따가우니까 커튼을 칩시다.

♠ 日差(ひざ)し 햇살, 볕
♠ 厳(きび)しい 엄하다, 심하다

ガス

가스

- 外出する 前に **ガス**が 漏れて いないか しっかり
  確認しましょう。
  외출하기 전에 가스가 새지는 않는지 확실히 확인합시다.

ガソリン

가솔린, 휘발유

- 最近 **ガソリン**代が 高く なって きました。
  요즘 휘발유 값이 비싸졌습니다.

ガソリンスタンド

주유소

- 近くに 行き付けの **ガソリンスタンド**が あります。
  가까운 곳에 자주 가는 주유소가 있습니다.

♠ 行(い)き付(つ)け 단골

カップ

컵, 잔

- 結婚する 友達に カップルの コーヒー**カップ**を プレ
  ゼントしました。
  결혼하는 친구에게 커플 커피잔을 선물했습니다.

ガラス
유리
네덜란드어

- 麦茶(むぎちゃ)は ガラスの コップで 飲(の)むと もっと 美味(おい)しく 感(かん)じます。
  보리차는 유리컵으로 마시면 더 맛있게 느껴집니다.

カメラ
카메라

- 新(あたら)しく 発売(はつばい)された カメラが 欲(ほ)しいです。
  새로 발매된 카메라를 원합니다.

- 発売(はつばい)される 발매되다
  「発売(はつばい)する 발매하다」의 수동
- ~が欲(ほ)しい ~를 원하다

カレー
카레

- 日本人(にほんじん)は カレーを よく 食(た)べます。
  일본인은 카레를 자주 먹습니다.

カレンダー
캘린더, 달력

- カレンダー通(どお)りの 勤務(きんむ)と いえば 祝日(しゅくじつ)と 土日(どにち)が 休(やす)み という 意味(いみ)です。
  달력대로의 근무라 하면 축일과 토요일, 일요일이 휴일이라는 의미입니다.

⑩
외래어

ギター
기타

- ギターが 趣味(しゅみ)だ という 人(ひと)が 多(おお)いです。
  기타가 취미라고 하는 사람이 많습니다.

キロ(グラム)
킬로(그램)
프랑스어

- 体重(たいじゅう)を 2キロ 落(お)とす だけでも 一苦労(ひとくろう)です。
  체중을 2kg 빼는 것도 상당히 힘듭니다.

- 体重(たいじゅう)を落(お)とす 체중을 빼다
- 一苦労(ひとくろう) 상당한 수고

キロ（メートル）

キロ(ミター)
프랑스어

- 1**キロ**は 1000メートル。
  1km는 1000m입니다.

クラス

클래스, 반, 학급

- **クラス**に 一人 何でも できる 人が います。
  반에 한 명, 무엇이든 할 수 있는 사람이 있습니다.

グラス

글라스

- 寝る 前に **グラス**で 軽く ウイスキーを 飲むのが
  日課に なって います。
  자기 전에 글라스에 가볍게 위스키를 마시는 것이 일과가 되었습니다.

ケーキ

케이크

- 甘くて 美味しい **ケーキ**が 食べたいです。
  달고 맛있는 케이크가 먹고 싶습니다.

コート

코트

- 寒い 日は **コート**を 着て 出かけましょう。
  추운 날에는 코트를 입고 나갑시다.

  ♠ コートを着(き)る 코트를 입다
  ♠ 出(で)かける 나가다

コーヒー

커피
네덜란드어

- 私は 一日に **コーヒー**を 三杯ぐらい 飲みます。
  나는 하루에 커피를 3잔 정도 마십니다.

コップ
컵
네덜란드어

- 健康の ために、朝起きて 水を **コップ** 一杯 飲み
ます。
건강을 위해서 아침에 일어나서 물을 컵 한 잔 가득 마십니다.

コピー(する)
복사(하다)

- 会議の ために **コピー**して おきます。
회의를 위해서 복사해 둡니다.

コンサート
콘서트

- 来月 日本の 歌手の **コンサート**へ 行きます。
다음 달 일본 가수의 콘서트에 갑니다.

コンピューター
컴퓨터

- 仕事を するのに、個人用の **コンピューター**が
一台 あると 便利です。
일을 하는 데는 개인용 컴퓨터가 한 대 있으면 편리합니다.

サッカー
축구

- 日本では **サッカー**や 野球が 人気です。
일본에서는 축구나 야구가 인기입니다.

サラダ
샐러드

- 食事の 時は いつも **サラダ**を 食べる ように
して います。
식사 때는 항상 샐러드를 먹으려고 하고 있습니다.

10
외래어

サンドイッチ
サンドウィッチ

샌드위치

たまご
- 卵と ハムの サンドイッチが 好きです。

계란과 햄 샌드위치를 좋아합니다.

シャツ

셔츠

きのう
- 昨日 デパートで シャツを 買いました。

어제 백화점에서 셔츠를 샀습니다.

ジャム

쨈

- パンに いちごジャムを ぬって 食べます。

빵에 딸기 쨈을 발라서 먹습니다.

♠ 塗(ぬ)る 칠하다, 바르다

シャワー

샤워

たなか   まいあさ
- 田中さんは 毎朝 シャワーを します。

다나카 씨는 매일 아침 샤워를 합니다.

スカート

스커트, 치마

わたし
- 私は ミニスカートより ロングスカートが 好きです。

나는 미니스커트 보다 롱스커트를 좋아합니다.

スキー

스키

こども ころ   じしん
- スキーは 子供の 頃から して いるので 自信が あります。

스키는 어렸을 때부터 배워서 자신이 있습니다.

スクリーン

스크린, 화면

• 大きな スクリーンで 映画を 見ると 迫力が
あります。
큰 화면으로 영화를 보면 박진감이 있습니다.

♠ 迫力(はくりょく)がある 박력이 있다

スケート

스케이트

• スケートを する ときは 必ず 手袋を はめま
しょう。
스케이트를 탈 때는 반드시 장갑을 낍시다.

♠ 手袋(てぶくろ)をはめる 장갑을 끼다

スーツケース

슈트케이스, 여행 가방

• スーツケースが 小さいので、持ち物は 必要
最小限の ものだけに します。
여행 가방이 작아서 소지품은 필요한 것으로 최소화합니다.

ステーキ

스테이크

• ステーキは ナイフと フォークを 使って 食べます。
스테이크는 나이프와 포크를 사용해서 먹습니다.

ステレオ

스테레오
텔레비전, 라디오, 오디오 등

• ステレオから 聞きなれない 音楽が 聞こえて
きます。
오디오에서 낯설은 음악이 들려옵니다.

♠ 聞(き)きなれる 귀에 익다

ストーブ

스토브, 난로

• 冬に なったら ストーブと こたつを 準備します。
겨울이 되면 난로와 고타츠를 준비합니다.

♠ 冬(ふゆ)になる 겨울이 되다
♠ 準備(じゅんび)する 준비하다

スーパー（マーケット）

슈퍼(마켓)

- 週末に、**スーパー**で 食料品を まとめて 買います。
  주말에는 슈퍼에서 식료품을 한꺼번에 삽니다.

スプーン

스푼, 숟가락

- 日本では 箸を 使って 食べるので、**スプーン**は 普通 使いません。
  일본에서는 젓가락을 사용하기 때문에 숟가락은 보통 사용하지 않습니다.

スポーツ

스포츠

- どんな **スポーツ**が 好きですか。
  어떤 스포츠를 좋아합니까?

ズボン

바지
프랑스어

- 雨の 日は **ズボン**よりも スカートを 履くと 動きやすいです。
  비가 오는 날에는 바지보다 스커트를 입으면 움직이기 쉽습니다.
- ♠ スカートを履(は)く 스커트를 입다
- ♠ 動(うご)きやすい 움직이기 쉽다
- ♠ 〜やすい 〜하기 쉽다

スリッパ

슬리퍼

- お客様用の **スリッパ**が ありません。
  손님용 슬리퍼가 없습니다.

セーター

스웨터

- 母が 私の ために **セーター**を 編んで くれました。
  엄마가 나를 위해 스웨터를 짜 주었습니다.

ゼロ

제로, 영

- 答案用紙に 大きく ゼロと 書いて ありました。
  답안용지에 크게 빵이라고 쓰여 있었습니다.

ソフト

소프트

- この 椅子は 座った 感じが とても ソフトです。
  이 의자는 앉는 느낌이 아주 부드럽습니다.

タイプ

타입

- 好きな 女性の タイプは 優しくて かわいらしい
  人です。
  좋아하는 여성 타입은 상냥하고 귀여운 사람입니다.

タクシー

택시

- 今朝 朝寝坊してしまって、 会社まで タクシーで
  行きました。
  오늘 아침에 늦잠을 자버려서 회사까지 택시로 갔습니다.

タバコ

담배
포르투갈어

- タバコは 体に 悪いので やめましょう。
  담배는 몸에 나쁘니까 끊읍시다.

**チェック
(する)**

체크(하다)

- 一度 目を 通しましたが、 もう 一度 チェックして
  ください。
  한 번 훑어봤습니다만, 다시 한 번 체크해 주세요.

10
외래어

チョコレート

초콜릿

- バレンタインデーには 好きな 人に **チョコレート**を あげます。
  밸런타인데이에는 좋아하는 사람에게 초콜릿을 줍니다.

テープ

테이프

- 録音するので **テープ**を 買って きて ください。
  녹음을 할 거니까 테이프를 사 오세요.

テーブル

테이블

- **テーブル**の 上に 本と 鉛筆が あります。
  테이블 위에 책과 연필이 있습니다.

テープ レコーダー

테이프 리코더, 녹음기

- 会話の 練習には、 **テープレコーダー**で 録音するのが 有効です。
  회화를 연습하는 데는 녹음기로 녹음하는 것이 효과가 있습니다.

テキスト

텍스트

- レベルが 上がれば、 当然 新しい **テキスト**が 必要です。
  레벨이 오르면 당연 새로운 텍스트가 필요합니다.

テスト

테스트, 시험

- 勉強は 好きですが **テスト**は 嫌いです。
  공부는 좋아합니다만, 시험은 싫습니다.

テニス

테니스

- 週末<ruby>しゅうまつ</ruby>は いつも **テニス**を して います。
  주말은 언제나 테니스를 칩니다.

デパート

백화점

- **デパート**の 地下<ruby>ちか</ruby>には 食品<ruby>しょくひん</ruby> 売り場<ruby>うば</ruby>が あります。
  백화점 지하에는 식품코너가 있습니다.

テレビ

텔레비전

- **テレビ**を 見<ruby>み</ruby>ながら 勉強<ruby>べんきょう</ruby>するのは 良<ruby>よ</ruby>くない 習慣<ruby>しゅうかん</ruby>です。
  텔레비전을 보면서 공부하는 것은 좋지 않은 습관입니다.

ドア

문

- 隙間風<ruby>すきまかぜ</ruby>が 入<ruby>はい</ruby>りますから、**ドア**を しっかり 閉<ruby>し</ruby>めて ください。
  외풍이 들어오니까 문을 확실히 닫아 주세요.

- ♠ しっかり 단단히, 꽉
- ♠ ドアを閉(し)める 문을 닫다 ↔ ドアを開(あ)ける 문을 열다

トイレ

화장실

- **トイレ**は 我慢<ruby>がまん</ruby>しないで いつでも 行<ruby>い</ruby>って ください。
  화장실은 참지 말고 언제라도 가세요.

- ♠ 我慢(がまん)する 참다, 견디다

ナイフ

나이프, 칼

- お肉<ruby>にく</ruby>を **ナイフ**で 切<ruby>き</ruby>って 食<ruby>た</ruby>べます。
  고기를 나이프로 잘라서 먹습니다.

- ♠ 切(き)る 베다, 자르다

10
외래어

ニュース
뉴스

- 毎晩、決まった 時間に ニュースを 見ます。
  매일 밤, 정해진 시간에 뉴스를 봅니다.

ネクタイ
넥타이

- 先生の 誕生日に ネクタイを プレゼント しました。
  선생님 생신에 넥타이를 선물했습니다.

ノート
노트

- 科目ごとに ノートを 使い分けて います。
  과목마다 노트를 따로 사용합니다.

♠ ～ごとに ～마다
♠ 使(つか)い分(わ)ける 목적이나 용도에 따라 적당한 것을 골라 쓰다

パーティー
파티

- 今年は 誕生日パーティーを しようと 思います。
  올해는 생일파티를 하려고 합니다.

パート
(タイム)
파트(타임)

- 母は パートで 果物 売り場で 働いて います。
  엄마는 파트타임으로 과일매장에서 일하고 있습니다.

バス
버스

- 十分おきに バスが 来ます。
  10분 간격으로 버스가 옵니다.

♠ ～おきに ～걸러. ～간격으로 수량, 시간, 거리 등을 나타내는 말에 붙어 일정한 간격으로 거듭됨을 나타냄

バスケットボール

바스켓볼, 농구

- 運動場では いつも 何人かが バスケットボールを して います。
  운동장에는 언제나 몇 명쯤은 농구를 하고 있습니다.

パソコン

개인용 컴퓨터

- 私は 残念ながら パソコンを 持って いません。
  나는 유감스럽게도 개인용 컴퓨터를 가지고 있지 않습니다.

バター

버터

- コーンを バターで 炒めると 美味しいです。
  콘을 버터로 볶으면 맛있습니다.

♠ 炒(いた)める (음식을 기름에) 지지다, 볶다

パパ

파파, 아빠

- 小さい 頃 父の ことを パパと 呼んで いました。
  어렸을 때 아버지를 아빠라고 불렀습니다.

バレーボール

발리볼, 배구

- 母は バレーボールの キャプテンを 務めて います。
  어머니는 배구 주장을 맡고 있습니다.

♠ 務(つと)める 소임을 하다, 역할을 맡다, 소행하다

パン

빵
포르투갈어

- 朝、 たいてい パンを 焼いて 食べます。
  아침에 대개 빵을 구워서 먹습니다.

ハンカチ

손수건

- 悲しい 映画を 見る ときは ハンカチを 持って
いきましょう。
슬픈 영화를 볼 때는 손수건을 준비합시다.

ハンバーグ

햄버거

- 妹の 手作り ハンバーグは 美味しいです。
여동생이 손수 만든 햄버거는 맛있습니다.

ピアノ

피아노

- 毎日 ピアノの 練習を して います。
매일 피아노 연습을 하고 있습니다.

ビール

맥주

- 父は 家に 帰って くると、まず ビールを 飲みます。
아빠는 집에 돌아오면 먼저 맥주를 마십니다.

ビル

빌딩

- 家の 近くで ビルが 建設中です。
집 가까이에 빌딩이 건설 중입니다.

ピンポン

탁구

- 今日の 放課後 皆で ピンポンを しませんか。
오늘 방과 후, 모두 탁구를 치지 않겠습니까?

プール
풀, 수영장

- 夏休みには、プールは いつも 人で いっぱいです。
  여름방학 때는 수영장은 항상 사람으로 가득합니다.

フィルム
필름

- 写真を 撮ろうと 思ったら、なんと フィルムが ありませんでした。
  사진을 찍으려고 생각했는데 웬걸 필름이 없었습니다.

フォーク
포크

- スパゲッティーを 食べる ときは 箸では なく フォークを 使います。
  스파게티를 먹을 때는 젓가락이 아니라 포크를 사용합니다.

プレゼント
선물

- 今年の 誕生日の プレゼントは 何が いいですか。
  올해 생일 선물은 무엇이 좋습니까?

ベッド
침대

- ベッドは 慣れて いないので、寝るのに ちょっと 不便です。
  침대는 익숙하지 않기 때문에, 자는 데 조금 불편합니다.

ページ
페이지

- 今日の 授業は 教科書の 何 ページからですか。
  오늘 수업은 교과서 몇 페이지부터 입니까?

ペット
펫, 애완용 동물

- マンションでは **ペット**を 飼っては いけません。
  맨션에서는 애완용 동물을 길러서는 안 됩니다.

ペン
펜

- 何か 考える 時、**ペン**を 手で くるくる 回すのが
  彼の 癖です。
  무언가를 생각할 때, 펜을 손으로 빙글빙글 돌리는 것이 그의 습관입니다.

ポスト
포스트, 우체통

- 郵便局に 行かなくても 近くに **ポスト**が あります。
  우체국에 가지 않아도 근처에 우체통이 있습니다.

ボタン
버튼, 단추

- シャツの **ボタン**が はずれそうです。
  셔츠 단추가 떨어질 것 같습니다.

♠ ボタンが外(はず)れる 단추가 떨어지다

ボールペン
볼펜

- サインは 必ず、黒か 青の **ボールペン**で して ください。
  사인은 반드시 검정색이나 파란색 볼펜으로 해주세요.

ポケット
포켓, 주머니

- **ポケット**に 何も 入って いません。
  주머니에 아무것도 들어있지 않습니다.

ホテル

호텔

- どうせ 泊るなら、 海の 近くの **ホテル**に 泊りたいです。
  이왕 머무를 거라면 바다 근처의 호텔에서 머물고 싶습니다.

ラジオ

라디오

- **ラジオ**から 聞き慣れた 声が 聞こえます。
  라디오에서 귀에 익은 목소리가 들립니다.

レジ

레지스터, 계산대

- 計算は **レジ**で お願いします。
  계산은 계산대에서 부탁드립니다.

レポート
リポート

리포트, 숙제

- 明日までに **レポート**を 提出して ください。
  내일까지는 리포트를 제출해 주세요.

レストラン

레스토랑

- お腹が すいたので、 近くの **レストラン**に 入りました。
  배가 고파서 근처의 레스토랑에 들어갔습니다.

⑩ 외래어

ワイシャツ

와이셔츠

- お父さんは 白い **ワイシャツ**が 一番 似合います。
  아빠는 하얀 와이셔츠가 가장 잘 어울립니다.

Part 11

문법 文法

ぶんぽう

일본어능력시험 출제기준을 바탕으로 한
N3, 4, 5급 문법 총정리입니다.
일본어에 있어 기본이 되는 필수문법이므로 반복학습을 통해 꼭 자신의 것으로
만드시길 바랍니다.

あまり～ない 별로 ～하지 않다

- この 料理は **あまり** おいしく **ない**です。
  이 요리는 별로 맛있지 않습니다.

- この 仕事は **あまり** 難しく **ない**です。
  이 일은 별로 어렵지 않습니다.

  ♠ あまり 뒤에 동사의 부정형이 오면 あまり는 '그다지, 별로' 라는 뜻이 됨.

いくつ 몇 개

- この チョコレートは **いくつ** 入っていますか。
  이 초콜릿은 몇 개 들어 있습니까?

いくら～ても 아무리 ～해도

- この 料理は **いくら** 食べ**ても** ちっとも 飽きません。
  이 요리는 아무리 먹어도 조금도 질리지 않습니다.

- 漢字は **いくら** 覚え**ても** すぐ 忘れて しまいます。
  한자는 아무리 기억해도 바로 잊어버립니다.

  ♠ いくら 동사의 て형+ても

いつ 언제

• **いつ** 韓国に 来ましたか。
かんこく　き
언제 한국에 왔습니까?

• **いつ** 帰る 予定ですか。
かえ　よてい
언제 돌아갈 예정입니까?

お~ください ～해 주세요

• すみませんが、しばらく こちらで **お待ち ください**。
ま
죄송하지만 잠시만 이쪽에서 기다려 주세요.

• ただいま 出発しますので 急いで **お集まり ください**。
しゅっぱつ　いそ　あつ
곧 출발하므로 서둘러서 모여 주세요.

♠ 경어：お+동사의 ます형+ください

お~する / お~いたす (제가) ～하다

• 先生、私が その お荷物 **お持ちしましょう**。
せんせい　わたし　にもつ　も
선생님, 제가 이 짐을 들겠습니다.

• その 品物は 明日 **お会いした** とき、**お渡しいたします**。
しなもの　あした　あ　わた
그 물건은 내일 만날 뵐 때, 전해드리겠습니다.

♠ 겸양：お+동사의 ます형+する / いたす

11

문

법

お~になる　～하시다

- お茶でも お飲みに なりませんか。
  차라도 드시지 않겠습니까?

  ♠ 경어 : お+동사의 ます형+になる

～おわる　～하다

- みんなは ご飯を 食べ終わると すぐに 出て いきました。
  모두 밥을 먹고 나서 바로 나갔습니다.

  ♠ 동작 작용의 완료 : 동사의 ます형+おわる

～がする　～이(가) 나다

- この 料理 変な 臭いが します。
  이 요리는 이상한 냄새가 납니다.

  ♠ 명사+がする

～かた　～하는 법(접미어)

- この 機械の 使い方を 教えて ください。
  이 기계의 사용방법을 알려 주세요.

  ♠ 방법 : 동사의 ます형+かた

がた　～들 (접미어)

- あなた**がた**は 今日 何を しますか。
  당신들은 오늘 무엇을 합니까?

  ♠ あなた 등+がた

～かったです　～하였습니다

- 今日は とても 楽し**かった**です。
  오늘은 아주 즐거웠습니다.

  ♠ い형용사의 과거 정중형 : い형용사의 어간+かったです

～かどうか　～인지 어떨지, ～인지 아닌지

- 予約できる**か どうか**、電話で お知らせします。
  예약이 될지 어떨지 전화로 알려드리겠습니다.

- この かばんは 真山さん**のか どうか**、ご存じですか。
  이 가방은 마야마 씨의 것인지 아닌지 알고 있습니까?

  ♠ 활용어의 종지형+かどうか / 명사+のかどうか

~かもしれない   ~일지도 모른다

- 高橋さんは 今日 来ない**かも しれません**。
  다카하시 씨는 오늘 오지 못할지도 모릅니다.

- 昨日 一睡も しなかったのなら 眠い**かも しれませんね**。
  어제 한숨도 못 잤다면 졸릴지도 모르겠네요.

  ♠ 추량 : 동사·い형용사의 종지형+かもしれない
  　　　な형용사의 어간·명사+かもしれない

~がる / ~がっている   (늘) ~워하다 / ~워하고 있다

- 女の子は いつも 痩せた**がって** います。
  여자 애는 언제나 마르고 싶어 합니다.

- 子供が ライオンを 見て 怖**がって** います。
  어린이가 사자를 보고 무서워하고 있습니다.

  ♠ い형용사의 어간+がっている / がる

~く + 동사   ~하게

- 明日 会議の 準備が ありますから、できるだけ 早**く** 来て ください。
  내일 회의 준비가 있으니까, 되도록 빨리 와 주세요.

  ♠ い형용사의 어미 い →く로 바꾼 뒤에 동사와 결합

~くありません ~하지 않습니다
~くありませんでした ~하지 않았습니다

- <ruby>映画<rt>えいが</rt></ruby>は おもしろく ありませんでした。
  영화는 재미없었습니다.

  ♠ い형용사의 어미 い → く로 바꾸고 접속

~くする ~하게 하다

- もう ちょっと <ruby>安<rt>やす</rt></ruby>く して ください。
  조금 더 싸게 해 주세요.

  ♠ 변화 : い형용사의 어미 い → く로 바꾸고 접속

~くて ~하고, ~하여서

- この <ruby>部屋<rt>へや</rt></ruby>は <ruby>狭<rt>せま</rt></ruby>くて <ruby>汚<rt>きたな</rt></ruby>いです。
  이 방은 좁고 더럽습니다.

- この いちごは <ruby>甘<rt>あま</rt></ruby>くて おいしいです。
  이 딸기는 달아서 맛있습니다.

  ♠ い형용사의 て형 : い형용사의 어미 い → くて로 바꾸고 접속

11

문

법

~くないです / ~くありません ~하지 않습니다

• 今日は あまり 忙しく ないです。
  오늘은 그다지 바쁘지 않습니다.

• この 問題は あまり 難しく ありません。
  이 문제는 그다지 어렵지 않습니다.

  🍀 い형용사의 현재부정 : い형용사의 어미 い →く로 바꾸고 접속

~くなかった ~하지 않았다

• 今日は あまり 寒く なかった。
  오늘은 그다지 춥지 않았다.

  🍀 い형용사의 과거부정 : い형용사의 어미 い →く로 바꾸고 접속

~くなかったです ~하지 않습니다
~くありませんでした ~하지 않았습니다

• 彼は 思ったより 優しく なかったです。
  그는 생각보다 친절하지 않았습니다.

• 教室は 思ったより 広く ありませんでした。
  교실은 생각보다 넓지 않았습니다.

  🍀 い형용사의 과거정중부정 : い형용사의 어미 い → く로 바꾸고 접속

～くなる　～해지다

あした しごと いそが
• 明日から 仕事が 忙し**く なり**ます。
내일부터 일이 바빠집니다.

はは びょうき よ
• 母の 病気が 良**く なり**ました。
어머니의 병이 좋아졌습니다.

♠ い형용사의 어미 い → く로 바꾸고 접속

～こと /～ということ　～것, ～일 / ～라는 것

かのじょ けっこん きむら き
• 彼女が 結婚した **こと**を 木村さんから 聞きました。
그녀가 결혼했다는 것을 기무라 씨로부터 들었습니다.

うそ わたし
• つまり、あなたが 嘘を ついたのは 私の ためだった **という**
ことですよね。
결국, 당신이 거짓말을 한 것은 나를 위해서였다는 것이군요.

♠ 활용어의 종지형+こと / ということ

～ことがある　～할 경우(때)가 있다

まちが
• だれでも 間違える **ことが あり**ます。
누구라도 잘못할 때가 있습니다.

かんこく ちが にほん じしん お
• 韓国と 違って、日本では 地震が 起きる **ことが あり**ます。
한국과 다르게 일본에서는 지진이 일어나는 경우가 있습니다.

♠ 동사의 사전형+ことがある

가능동사　～할 수 있다

- お<ruby>酒<rt>さけ</rt></ruby>は <ruby>飲<rt>の</rt></ruby>めますか。(<ruby>飲<rt>の</rt></ruby>む→<ruby>飲<rt>の</rt></ruby>める)
  술을 마실 수 있습니까?

- パソコンは <ruby>使<rt>つか</rt></ruby>えますか。(<ruby>使<rt>つか</rt></ruby>う→<ruby>使<rt>つか</rt></ruby>える)
  컴퓨터를 사용할 수 있습니까?

  ♠ 1그룹 동사 어미 う단 → え단으로 바꾸고 る를 붙여 가능형으로 만든다

～ことができる　～할 수 있다

- <ruby>私<rt>わたし</rt></ruby>は ピアノを <ruby>弾<rt>ひ</rt></ruby>く ことが できます。
  나는 피아노를 칠 수가 있습니다.

- <ruby>私<rt>わたし</rt></ruby>は <ruby>漢字<rt>かんじ</rt></ruby>を <ruby>読<rt>よ</rt></ruby>む ことは できますが、<ruby>書<rt>か</rt></ruby>く ことは できません。
  나는 한자를 읽을 수가 있습니다만, 쓸 수는 없습니다.

  ♠ 가능 : 동사의 사전형+ことができる

～ことにする　～하기로 하다

- <ruby>今<rt>いま</rt></ruby>までの ことは <ruby>忘<rt>わす</rt></ruby>れる ことに します。
  지금까지의 일은 잊어버리기로 합니다.

- <ruby>仕事<rt>しごと</rt></ruby>が <ruby>長引<rt>ながび</rt></ruby>いて、<ruby>約束<rt>やくそく</rt></ruby>は キャンセルする ことに しました。
  일이 늦춰져서 약속은 취소하기로 했습니다.

  ♠ 의지 : 동사의 사전형 · 동사의 ない형+ことにする

~ことになる
~ことになっている

~하게 되다

~하기로 되어 있다

- 来年の 三月に 国へ 帰る ことに なりました。(확정)
  らいねん さんがつ くに かえ

  내년 3월에는 고국에 돌아가게 되었습니다.

- 授業は 三月 二日から 始める ことに なって います。(과거 확정 사실)
  じゅぎょう さんがつ ふつか はじ

  수업은 3월 2일부터 시작하기로 되어 있습니다.

  ♠ 동사의 사전형+ことになる / ことになっている

~ごろ

~경에 (접미어)

- 今朝、七時ごろ 起きました。
  けさ しちじ お

  오늘 아침 7시경에 일어났습니다.

- 何時ごろ 家を 出ましたか。
  なんじ いえ で

  몇 시 정도 집에서 나갔습니까?

  ♠ 명사+ごろ

~さ

~함

- この 部屋の 広さは どのぐらいですか。
  へ や ひろ

  이 방의 넓이는 어느 정도입니까?

- 彼女の 親切さには 頭が 下がります。
  かのじょ しんせつ あたま さ

  그녀의 친절함에는 머리가 숙여집니다.

  ♠ 명사화 : い형용사 · な형용사의 어간+さ

11

문
법

~中(じゅう) ~내내, 온통 (접미어)

- 今日は 一日中 雨が 降りました。
  きょう　いちにちじゅうあめ　　ふ

  오늘은 하루 종일 비가 내렸습니다.

  ♠ 명사+中(じゅう)

~すぎる 너무 ~하다, 지나치게 ~하다

- この アイスクリームは 甘すぎて 食べられません。
  あま　　　　た

  이 아이스크림은 너무 달아서 먹을 수 없습니다.

- 今日は 暑すぎて 眠れません。
  きょう　あつ　　　ねむ

  오늘은 너무 더워서 잘 수가 없습니다.

  ♠ い형용사 · な형용사의 어간+すぎる / 동사의 ます형+すぎる

~ずに ~하지 않고, ~하지 말고

- その 話を 聞くと、笑わずには いられません。
  はなし　き　　　　わら

  그 이야기를 들으면 웃지 않고는 견딜 수 없습니다.

- 彼は ご飯も 食べずに 仕事ばかり して います。
  かれ　　はん　た　　　しごと

  그는 밥도 먹지 않고 일만 하고 있습니다.

  ♠ 동사의 ない형+ずに

~(さ)せてください ~하게 해 주세요

● 今日は 体の 調子が 悪いので、早く 帰らせて ください。

오늘은 몸 상태가 좋지 않으므로, 빨리 집에 돌아가게 해 주세요.

● 困りましたね。少し 考えさせて ください。

곤란하군요. 조금 생각할 시간을 주세요.

🍀 의뢰 : 동사의 ない형+(さ)せてください

~(さ)せられる 마지못해 ~하게 되다

● 遅刻して、先生に トイレの 掃除を させられました。

기각해서 선생님께서 화장실 청소를 시켰습니다.

● 私は タバコが 好きですが、医者に 健康のため 止めさせられました。

나는 담배를 좋아합니다만, 의사 선생님께서 건강을 위해 끊으라고 했습니다.

🍀 사역수동 : 동사의 ない형+(さ)せられる

~(さ)せる (남에게) ~하게 하다

● 母は 息子を 買い物に 行かせました。

어머니는 아들을 장보러 가게 했습니다.

● 韓国では 幼児の ころから 英語を 覚えさせます。

한국에서는 유아 때부터 영어를 배우도록 합니다.

🍀 사역 : 동사의 ない형+(さ)せる

11
문
법

~そうだ   ~할 것 같다 / ~라고 한다

- 今日は 雨が 降り**そうです**。(양태)
  きょう あめ ふ

  오늘은 비가 올 것 같습니다.

- 今日は 雨が 降る**そうです**。(전문)
  きょう あめ ふ

  오늘은 비가 내린다고 합니다.

  ♠ 양태 : い형용사 · な형용사 또는 조동사의 어간+そうだ
    동사의 ます형+そうだ

  ♠ 전문 : 동사 · い형용사 · な형용사 · 조동사의 종지형+そうだ

~たあとで   ~한 뒤에

- 私は 毎晩 晩御飯を 食べた 後で さんぽを します。
  わたし まいばん ばんごはん   た   あと

  나는 매일 밤 저녁을 먹은 후에 산책을 갑니다.

♠ 동사의 た형+たあとで

~たい   ~하고 싶다

- 私は 将来 小説家に なり**たい**です。
  わたし しょうらい しょうせつか

  나는 장래에 소설가가 되고 싶습니다.

  ♠ 동사의 ます형+たい

~たことがある ~한 적이 있다
~たことがない ~한 적이 없다

- 日本には 行った ことが ありますか。
  일본에는 가본 적이 있습니까?

- まだ 寿司を 食べた ことが ないです。
  아직 스시를 먹어 본 적이 없습니다.

  ♠ 동사의 た형+たことがある / たことがない

~だす ~하기 시작하다

- 彼女は 急に 泣き出して しまいました。
  그녀는 갑자기 울기 시작해버렸습니다.

  ♠ 동작 작용의 시작 : 동사의 ます형+だす

~たところだ ~막 ~한 참이다

- 夫は 今 ちょうど 帰ってきた ところです。
  남편은 지금 막 돌아온 참입니다.

  ♠ 동사의 た형+たところだ

11

문

법

~たまま   ~한 채로

- ポケットに お金を 入れたまま 洗濯して しまいました。
  주머니에 돈을 넣은 채, 세탁을 해버리고 말았습니다.

  ♠ 동사의 た형+たまま

~ため(に)   ~하기 위해서, ~ 때문에

- 私は 先生に なる ために、教育大学に 入りました。 (목적)
  나는 선생님이 되기 위해 교육대학에 들어갔습니다.

- 風邪のため、約束を キャンセルしました。 (이유)
  감기 때문에 약속을 취소했습니다.

  ♠ 활용어의 종지형+ために
  ♠ 목적 : 동사의 사전형+ために
  ♠ 이유 : 활용어의 종지형+ために / 명사+の+ため

~たら   ~하면, ~하였더니

- もし よかったら、私の 家に 遊びに 来て ください。
  만약 괜찮다면, 우리 집에 놀러 오세요.

  ♠ 조건 : 활용어의 た형+たら

~たり   ~하거나

- 休みの 日には 本を 読んだり 音楽を 聞いたり します。
  쉬는 날에는 책을 읽거나 음악을 듣거나 합니다.

  ♠ 동작 등의 병합 : 동사의 た형+たり

だれ　누구

- となりに いる 人<ruby>ひと</ruby>は 誰<ruby>だれ</ruby>ですか。
  옆에 있는 사람은 누구입니까?

~だろう　~일 것이다

- 明日<ruby>あした</ruby>は 雨<ruby>あめ</ruby>だろう。
  내일은 비가 올 것이다.
- 今年<ruby>ことし</ruby>は 試験<ruby>しけん</ruby>に 合格<ruby>ごうかく</ruby>する だろう。
  올해는 시험에 합격할 것이다.

  ♠ 추량 : 활용어의 사전형·명사+だろう

~ちゃ / ~じゃ　~해서는 (ては / では의 축약형)

- ここでは 写真<ruby>しゃしん</ruby>を 取<ruby>と</ruby>っちゃ いけない。(=取<ruby>と</ruby>ってはいけない)
  여기서는 사진을 찍으면 안 된다.
- 博物館<ruby>はくぶつかん</ruby>の 中<ruby>なか</ruby>では 飲<ruby>の</ruby>み物<ruby>もの</ruby>を 飲<ruby>の</ruby>んじゃ だめだよ。(=飲<ruby>の</ruby>んではだめだよ)
  박물관 안에서는 음료수를 마시면 안 돼.

  ♠ 동사의 て형+ちゃ / じゃ

11
문
법

~つづける　계속 ~하다

_{かのじょ} _{ともだち} _あ _{さんじ かん} _{はな つづ}
- 彼女は 友達と 会うと 三時間は 話し続けます。

  그녀는 친구들과 만나면 3시간은 계속 얘기합니다.

_{こ ども} _{な つづ}
- 子供は いつまでも 泣き続けて いた。

  아이는 언제까지고 계속 울었다.

  ♠ 동사의 ます형+つづける

~つもりだ　~할 생각이다

_{なつやす} _{と しょかん} _{ほん よ}
- 夏休みには 図書館で たくさんの 本を 読む つもりです。

  여름 방학에는 도서관에서 많은 책을 읽을 생각입니다.

  ♠ 의지 : 동사의 사전형+~つもりだ

~て　~하고, ~하여서

_{と しょかん い} _{ほん よ}
- 図書館に 行って 本を 読みました。

  도서관에 가서 책을 읽었습니다.

_{さいふ} _{わす}
- 財布を 忘れて しまいました。

  지갑을 잃어버렸습니다.

  ♠ 동사의 て형 +て

~てあげる / あげる ~해주다 / 주다

- 私が 教えて あげますから、一から やり直して みましょう。

  わたし　おし、いち、なお

  내가 가르쳐 줄 테니까 처음부터 다시 시작해보자. (행위의 수급)

- この 花を 君に あげたい。(물건의 수급)

  はな　きみ

  이 꽃을 너에게 주고 싶다.

  ♠ 동사의 て형+てあげる / あげる

~てあります ~해져 있습니다

- 冷蔵庫に ビールが 冷やして あります。

  れいぞうこ、ひ

  냉장고에는 맥주가 차갑게 넣어져 있습니다.

  ♠ 동사의 て형+てあります

~てあります(~てある) ~てあります(~ている) ~해져 있습니다(~해져 있다)

- 机の 上には いつも きれいな 花が 飾って あります。

  つくえ　うえ、はな　かざ

  책상 위에는 언제나 예쁜 꽃이 장식되어 있습니다.

- 電気が ついて いますから、誰か 部屋に いると 思います。

  でんき、だれ　へや、おも

  불이 켜져 있으므로, 누군가 방에 있다고 생각합니다.

  ♠ 결과의 존속 : 타동사의 て형+てあります / てある

  ♠ 자동사의 て형+ています / ている

11

문

법

~ていく ~해 나가다, ~해 가다

かいしゃ や いえ しごと つづ
● 会社を 止めても 家で 仕事を 続けて いく つもりです。
회사를 그만둬도 집에서 일을 계속할 생각입니다.

　🌱 동사의 て형+ていく

~ていただく ~해 받다
いただく 받다, 먹다 (~てもらう의 겸양표현)

わたし せんせい さくぶん なお
● 私は 先生に 作文を 直して いただきました。
나는 선생님에게 작문을 고쳐 받았습니다.

　🌱 행위나 물건의 수급 : 동사의 て형+ていただく / いただく

~ているところだ ~하고 있는 중이다

せんじつ めんせつ う かいしゃ れんらく ま
● 先日 面接を 受けて、会社からの 連絡を 待っている ところです。
요전 날 면접을 봐서 회사로부터 연락을 기다리고 있는 참입니다.

　🌱 동사의 て형+ているところだ

~ておく ~해 놓다, ~해 두다

わたし かえ まえ へや そうじ
● 私が 帰ってくる 前に 部屋を 掃除して おきなさい。
내가 돌아오기 전에 집을 청소해 두세요.

　🌱 동사의 て형+ておく

~ています   ~하여져 있습니다, ~하고 있습니다

- 駅前の レストランは いつも たくさんの 人が 並んで います。(진행)
  역 앞에 레스토랑은 언제나 많은 사람이 줄을 서 있습니다.

- 高橋さんは 今、 お金を 持って いますか。(상태)
  타카하시 씨는 지금 돈을 가지고 있습니까?

  ♠ 동사의 て형+ています

~てから   ~하고 나서

- ご飯を 食べてから 歯を 磨きます。
  밥을 먹고 나서 이를 닦습니다.

  ♠ 시간관계의 전후 : 동사의 て형+てから

~てください
~てくださいませんか   ~해 주세요
~해 주시지 않겠어요?

- 寒いから 窓を 閉めて ください。(의뢰)
  추우니까 창문을 닫아 주세요.

- この カメラの 使い方を 教えて くださいませんか。(정중한 의뢰)
  이 카메라의 사용법을 알려 주시겠습니까?

  ♠ 의뢰 : 동사의 て형+てください

  ♠ 정중한 의뢰 : 동사의 て형+てくださいませんか

⑪

문
법

~てくる ~하고 오다

- 行ってきます。
  다녀오겠습니다.

- あの 荷物を 持ってきて くださいませんか。
  이 짐을 들어다 주시겠습니까?

  ♠ 동사의 て형+てくる

~てくる ~해지다, ~해 오다

- 日本語は 最初は 易しいと 思いましたが、中級に 入って だんだん
  難しくなってきました。
  일본어는 처음에는 쉽다고 생각했지만, 중급에 들어서니 점점 어려워졌습니다.

  ♠ 동사의 て형+てくる

~てくれる / くれる
(남이 나한테) ~해주다
(남이 나한테) 주다

- 友達が 本を 貸してくれました。
  친구가 책을 빌려 주었습니다.

- この 指輪は 母が 私に くれた ものです。
  이 반지는 어머니께서 내게 주신 것 입니다.

  ♠ 행위나 물건의 수급 : 동사의 て형+てくれる / くれる

~てしまう   ~해 버리다

• 朝寝坊して、学校に 遅れて しまいました。
  あさ ね ぼう　　　　　がっこう　おく

  늦잠을 자서 학교에 지각해버리고 말았습니다.

  ♠ 동사의 て형+てしまう

~てはいけない   ~해서는 안 된다

• 道に ごみを 捨てては いけません。
  みち　　　　　す

  길에 쓰레기를 버려서는 안 됩니다.

  ♠ 금지 : 동사의 て형+てはいけない

~てみる   ~해 보다

• あの 映画 面白いから、見て みて ください。
  えい が　おもしろ　　　　　み

  이 영화는 재미있으니까 봐 보세요.

• 納豆は おいしいですから、ぜひ 食べて みて ください。
  なっとう　　　　　　　　　　　た

  낫토는 맛있으니까 꼭 먹어 보세요.

  ♠ 시도 : 동사의 て형+てみる

~てもいい   ~해도 좋다

• この 服 ちょっと 試着して みても いいですか。
  ふく　　　　　　し ちゃく

  이 옷, 좀 입어 봐도 되겠습니까?

  ♠ 허가: 동사의 て형+てもいい

~てもかまわない / ~てもかまいません

~해도 상관없다 / ~해도 상관없습니다

- 日本語の 授業ですが、韓国語で 話しても かまいません。

  일본어 수업이지만, 한국어로 이야기해도 상관없습니다.

  ♠ 허가 : 동사의 て형+てもかまわない / てもかまいません

~てもらう / もらう

~해 받다 / 받다

- ちょっと 考えたい ことが ありますから、今日は 帰って もらえませんか。

  조금 생각할 것이 있으니까, 오늘은 돌아가 주시겠습니까?

- この 本は 先生から もらった 本です。

  이 책은 선생님으로부터 받은 책입니다.

  ♠ 동사의 て형+てもらう / もらう

동사의 명령형

~해, ~해라

- 皆 急げ。

  모두 서둘러.

- 早く 起きろ。

  빨리 일어나.

  ♠ 1그룹동사 : 어미 う단 → え단으로 바꾼다

  ♠ 2그룹동사 : 어미 る삭제 → よ나 ろ를 붙인다

~で   ~하고, ~이고

- ここは とても 静かで いい ところです。
  しず

  여기는 아주 조용하고 좋은 곳입니다.

- これは 私の もので、 あれは 田中さんの ものです。
  わたし   たなか

  이것은 나의 것이고, 저것은 다나카 씨의 것입니다.

  ♠ な형용사의 연결 : な형용사의 어간+で

  ♠ 명사술어문의 연결 : 명사+で

~でしょう   ~일 것입니다

- 明日は 寒い 一日に なるでしょう。
  あす   さむ いちにち

  내일은 추운 하루가 될 것입니다.

  ♠ 추량 : 동사·い형용사의 사전형+でしょう

~では(~じゃ)ありません   ~하지 않습니다

- お酒は あまり 好きでは ありません。
  さけ   す

  술은 그다지 좋아하지 않습니다.

  ♠ な형용사의 현재부정 : な형용사의 어간+では(~じゃ)ありません

～ではありませんでした ～하지 않습니다

- 今日の 話は たいくつでは ありませんでした。
  오늘 이야기는 지루하지 않았습니다.

  ♠ な형용사의 과거부정 : な형용사의 어간+ではありませんでした

～てやる / やる ～해주다 / 주다

- 水泳なら 俺が 教えて やるよ。
  수영이라면 내가 가르쳐 줄게.

- 鳥に えさを やるのが 私の 仕事です。
  새에게 먹이를 주는 것이 내 일입니다.

  ♠ 동사의 て형+てやる /やる

どう / そう / こう 어떻게 / 그렇게 / 이렇게

- 失礼ですが お名前は どう 読みますか。
  실례합니다만 이름은 어떻게 읽습니까?

- 拉致問題は そう 簡単には 解決 できません。
  납치문제는 그렇게 간단하게는 해결이 불가능합니다.

- 質問されたら、 こう 答えて ください。
  질문을 당하면 이렇게 대답하세요.

~という　~라는

• 「エンジン」という 日本の ドラマを 知って いますか。
　　'엔진' 이라고 하는 일본 드라마를 알고 있습니까?

　♠ 명사+という / なん+という

~と~とどちら　~와, ~중, 어느 쪽

• りんごと すいかと どちらが 好きですか。
　　사과와 수박 중 어느 쪽을 좋아합니까?

　♠ 비교 : 명사+と＋명사+とどちら

~とか~とか　~라든가, ~라든가

• 暇な ときには ジムに 行くとか、運動場を 走るとか、なるべく
　運動を する ように して います。
　　한가할 때는 체육관에 간다든가, 운동장을 달리든가, 되도록 운동을 하려고 합니다.

　♠ 명사 · 동사의 사전형+とか

⑪

문
법

~とき　~할 때, ~했을 때

- 私が 到着した **とき** 誰も いませんでした。
  わたし　とうちゃく　　　　　だれ

  내가 도착 했을 때 아무도 없었습니다.

  ♠ 동사·い형용사의 종지형+とき

~ところだ　~하려는 참이다

- 船は 港に 入る **ところです**。
  ふね　みなと　はい

  배가 항구에 들어오려는 참입니다.

  ♠ 동사의 사전형+ところだ

どんなに~ても　아무리 ~해도

- **どんなに** 勉強し**ても** なかなか 点薮が 上がりません。
  　　　　べんきょう　　　　　　　　　てんすう　あ

  아무리 공부해도 좀처럼 점수가 오르지 않습니다.

  ♠ どんなに 동사·い형용사의 て형+ても

~ない　~하지 않다, ~하지 않겠다

- このごろ 忙しくて 映画は 見**ません**。
  　　　　いそが　　　えいが　み

  요즘 바빠서 영화는 못 봅니다.

  ♠ 동사의 현재부정 : 동사의 ない형+ない

~ないで ~하지 않고

- 海へ 行かないで 山へ 行きました。
  바다에 가지 않고 산에 갔습니다.

- 夕べは テレビを 見ないで 早く 寝ました。
  어제 밤에는 텔레비전을 보지 않고 빨리 잤습니다.

  ♠ 동사 부정형의 て형: 동사의 ない형+ないで

~ないでください ~하지 말아 주십시오

- ここでは タバコを 吸わないで ください。
  여기서는 담배를 피우지 말아 주세요.

  ♠ 동사의 ない형+ないでください

~なさい ~해라

- 家に 帰ったら、まず、手を 洗い なさい。
  집에 돌아가면 먼저 손을 씻으세요.

  ♠ 동사의 ます형+なさい

～なら　～다면, ～라면

- 今度の 日曜 もし 暇**なら**、一緒に 映画でも 見に 行きませんか。
  이번 주 일요일에 만약 한가하다면, 같이 영화라도 보러 가지 않겠습니까?

  ♠ 조건 : 동사 · い형용사의 사전형+なら / な형용사의 어간 · 명사+なら

～に+ 동사　～하게

- 教室では もっと 静か**に** して ください。
  교실에서는 좀 더 조용해 주세요.

- 私は 毎日 部屋を きれい**に** 掃除します。
  나는 매일 방을 깨끗하게 청소 합니다.

  ♠ な형용사의 어간+に

にくい　～하기 어렵다

- この 時計は 数字が 小さすぎて 見**にくい**です。
  이 시계는 숫자가 작아서 보기 어렵습니다.

  ♠ 동사의 ます형+にくい

～にする　～로 결정하다, ～로 하다

- 私は コーヒー**に** します。
  나는 커피로 하겠습니다.

  ♠ 의지 : 명사+にする

~にする   ~하게 하다, ~로 하다

- ちょっと、勉強中だから 静かに して くださいよ。

  좀, 공부중이니까 조용히 해주세요.

  ♠ 변화: 명사·な형용사의 어간+にする

~になる   ~이 되다, ~해지다

- 私は 大学を 卒業して 教師に なりました。

  나는 대학을 졸업하고 교사가 되었습니다.

- 毎日 運動をしたら、元気に なりました。

  매일 운동을 했더니 건강해졌습니다.

  ♠ 변화: 명사·な형용사의 어간+になる

~のだ / ~んだ   ~한 것이다, ~이다

- その バックは 本物なんですか。

  그 가방은 진짜입니까?

- その 服は どこで 買ったんですか。

  그 옷은 어디서 산 것입니까?

  ♠ 활용어의 종지형·명사+のだ / んだ

~ば　～하면

• 日本語を 勉強しても 話さなければ 忘れて しまいます。
일본어를 공부에도 말하지 않으면 잊어버리고 맙니다.

~は~より　～은 ～보다

• 今年は 例年より 暑いですね。
금년에는 예년보다 덥네요.

♠ 비교 : 명사+は 명사 +より

~ばかり　～만

• うちの 子は 漫画ばかり 読んで います。
우리 애는 만화만 읽고 있습니다.

♠ 명사 · 동사의 て형+ばかり

はじめる　～하기 시작하다

• 午後から 急に 雨が 降りはじめました。
오후부터 갑자기 비가 내리기 시작했습니다.

♠ 동작 작용의 시작 : 동사의 ます형+はじめる

~はずがない   ~일 리가 없다

- 子供に そんな 難しい 問題が 分かる **はずが ない**です。
  어린이가 그런 어려운 문제를 알 리가 없습니다.

  ♠ 추량 : 동사・い형용사의 사전형+はずがない

~はずだ   ~할 것이다, ~할 터이다

- この 地図を 見れば 分かる **はずです**。
  이 지도를 보면 알 것이다.

- 社長は 東京大学の 出身の **はずです**。
  사장님은 동경대 출신일 터이다.

  ♠ 추량 : 동사・い형용사의 종지형+はずだ
  　　　　 な형용사의 어간+なはずだ 명사+のはずだ

~ほうがいい   ~하는 것이 좋다

- 今日は 曇ってますから、傘を 持って いった **ほうが いい**ですよ。
  오늘은 흐리니까 우산을 들고 가는 것이 좋습니다.

- 体に 悪いから、お酒は 飲ま**ない ほうが いい**ですよ。
  몸이 안 좋기 때문에 술은 마시지 않는 것이 좋아요.

  ♠ 권고・긍정의 경우 : 동사의 た형+ほうがいい

  ♠ 부정의 경우 : 동사의 ない형+ないほうがいい

~ほど~ない　　〜만큼 〜(하지) 않다

• 私は　兄ほど　背が　高く　ないです。
  나는 형보다 키가 크지 않습니다.

  ♠ 비교 : 활용어의 사전형·명사+ほど+활용어의 부정형+ない

~まえに　　〜하기 전에

• 「部屋を　掃除してから、　ご飯を　食べますか。」
  「いいえ、　私は　掃除の　前に　食べます。」
  "방을 청소 하고 나서 밥을 먹습니까?"
  "아니요, 나는 청소하기 전에 먹습니다."

  ♠ 동사의 사전형+まえに / 조사 の+まえに

~までに　　〜까지, 〜안으로

• レポートは　明日までに　出して　ください。
  리포트는 내일까지 내 주세요.

  ♠ 명사+までに

~ましょう　　〜합시다

• もう　少し　勉強しましょう。
  조금 더 공부 합시다.

  ♠ 권유 : 동사의 ます형+ましょう

~ます ~합니다

わたし まいにち がっこう い
・私は 毎日 学校へ 行き**ます**。
　나는 매일 학교에 갑니다.

　♠ 동사의 현재 : 동사의 ます형+ます

~ません ~하지 않습니다

きょう てんき い
・今日 天気が よくなければ どこへも 行き**ません**。
　오늘 날씨가 좋지 않으면 어디에도 가지 않습니다.

　♠ 동사의 현재부정 : 동사의 ます형+ません

~ませんか ~하지 않을래요?

いっしょ しょくじ
・よかったら、一緒に 食事し**ませんか**。
　괜찮으시다면 같이 식사하시겠습니까?

　♠ 권유 : 동사의 ます형+ませんか

~ませんでした ~하지 않았습니다

か ちょう
・課長は どこにも い**ませんでした**。
　부장님은 어디에도 계시지 않았습니다.

きのう ぜんぜん ねむ
・昨日は 全然 眠れ**ませんでした**。
　어제는 전혀 잘 수 없었습니다.

　♠ 동사의 과거부정 : 동사의 ます형+ませんでした

⑪
문
법

もう + 부정　이제

• みんな 帰って しまって、社内には **もう** 誰も **いません**。
　모두 돌아가 버려서 회사 안에는 아무도 없습니다.

～やすい　～하기 쉽다

• 引っ越しセンターの 電話番号は 覚え**やすい**です。
　이사센터 전화번호는 외우기 쉽습니다.

　♠ 동사의 ます형+やすい

～ようだ　～인 모양이다, ～와 같다

• 人が たくさん 集まって います。何か 騒ぎが 起った **よう**です。
　사람이 많이 모여 있습니다. 무슨 소동이 일어난 것 같습니다.　(추량)

• 久しぶりに 子供**の ように** 楽しく 遊びました。(비유, 상황)
　오랜만에 아이같이 즐겁게 놀았습니다.

　♠ 활용어의 종지형+ようだ
　　명사+のようだ

~(よ)うとおもう ~하려고 생각하다, ~할 것이라고 생각하다

- 夏休みには 田舎に 帰ろうと 思います。
  여름방학에는 시골에 가려고 생각합니다.

- 今年の 大学試験は 難しい だろうと 思います。
  올해 대입시험은 어려울 것이라고 생각합니다.

  ♠ 의지 : 동사의 의지형+(よ)うとおもう

  ♠ 추량 : 활용어의 사전형+(だろう)とおもう

~(よ)うとする ~하려고 하다

- 毎朝 早起きしようと しても、なかなか 起きられません。
  매일 아침 일찍 일어나려고 해도 좀처럼 일어날 수가 없습니다.

- 早く 逃げようと しても、どうも 足が 動きません。
  빨리 도망가려고 해도 도무지 다리가 움직이지 않습니다.

  ♠ 의지 : 동사의 의지형+(よ)うとする

~ようにいう ~하도록 말하다

- お子さんに もう 二度と こんな ことを 起こさない ように 言って
  ください。
  아드님에게 두 번 다시 이런 일이 일어나지 않도록 말해 주세요.

  ♠ 동사의 사전형·동사의 ない형+ようにいう

11
문
법

~ようにする ~하도록 하다
~ようになる ~하게끔 되다

- このことは 誰にも 話さない **ように** して ください。
  이 일은 누구한테도 말하지 않도록 하세요.

- 毎日 練習して、やっと 泳げる **ように** なりました。
  매일 연습해서 겨우 수영할 수 있게 되었습니다.

  ♠ 동사의 사전형+ようにする /ようになる

~より~ほうが ~보다 ~쪽이

- 東京より 沖縄の **ほうが** 暑いです。
  도쿄보다 오키나와 쪽이 덥습니다.

  ♠ 비교 : ~より 명사+のほうが / 동사의 사전형+ほうが

~らしい ~인 듯하다, ~답다

- あの コメディアンは 家に いる ときは 静か**らしい**です。 (추량)
  저 코미디언은 집에 있을 때는 조용한 듯합니다.

- 学生**らしく**、もっと 勉強 しなさい。 (접미어)
  학생답게 더 공부해라.

  ♠ 동사·い형용사의 종지형+らしい / な형용사의 어간·명사+らしい

~(ら)れる　　～함을 당하다, ～하시다

- 今日、私は 先生に ほめ**られ**ました。 (수동)
  <ruby>今日<rt>きょう</rt></ruby> <ruby>私<rt>わたし</rt></ruby> <ruby>先生<rt>せんせい</rt></ruby>
  오늘 나는 선생님에게 칭찬 받았습니다.

- サオリさんは 何時に 帰ら**れ**ましたか。 (존경)
  <ruby>何時<rt>なんじ</rt></ruby> <ruby>帰<rt>かえ</rt></ruby>
  사오리 씨는 몇 시에 돌아가셨습니까?

  ♠ 동사의 ない형+(ら)れる

종지형 + 명사　　～할, ～한

- 明日 **休む 人**は 誰ですか。
  <ruby>明日<rt>あした</rt></ruby> <ruby>休<rt>やす</rt></ruby> <ruby>人<rt>ひと</rt></ruby> <ruby>誰<rt>だれ</rt></ruby>
  내일 쉬는 사람은 누구입니까?

- これは 旅行で **取った 写真**です。
  <ruby>旅行<rt>りょこう</rt></ruby> <ruby>取<rt>と</rt></ruby> <ruby>写真<rt>しゃしん</rt></ruby>
  이것은 여행에서 찍은 사진입니다.

※ 종지형이란? 현재형, 부정형, 과거형, 과거부정형의 예사체

	명사	な형용사	い형용사	동사
종지형	学生だ → 学生な	きれいだ → きれいな	いい	見る
	学生ではない	きれいではない	よくない	見ない
	学生だった	きれいだった	よかった	見た
	学生ではなかった	きれいではなかった	よくなかった	見なかった

⑪
문
법

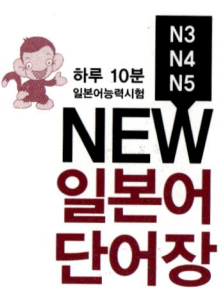

하루 10분 일본어능력시험

N3 N4 N5

NEW
일본어
단어장

Part 12

가　족　家族
조수사　助数詞
활용표　活用表

かぞく
じょすうし
かつようひょう

가족 간의 호칭, 타인의 가족에 대한 호칭, 생활에서 필요한 조수사,
그리고 명사, い형용사, な형용사, 동사의 활용표를 담았습니다.
궁금할 때마다 바로바로 찾아서 확인하시길 바랍니다.

호칭 家族·助数詞·活用表

가족에 대한 호칭

	우리 가족	남의 가족
	(私(わたし)の~)	(あなたの~)
할아버지	祖父(そふ)	お祖父(じい)さん
할머니	祖母(そぼ)	お婆(ばあ)さん
아버지	父(ちち)	お父(とう)さん
어머니	母(はは)	お母(かあ)さん
부모	両親(りょうしん)	ご両親(りょうしん)
아들	息子(むすこ)	息子(むすこ)さん
딸	娘(むすめ)	娘(むすめ)さん
형·오빠	兄(あに)	お兄(にい)さん
누나·언니	姉(あね)	お姉(ねえ)さん
남동생	弟(おとうと)	弟(おとうと)さん
여동생	妹(いもうと)	妹(いもうと)さん
남편	主人(しゅじん)·夫(おっと)	ご主人(しゅじん)
아내	家内(かない)·妻(つま)	奥(おく)さん

손자	孫(まご)	お孫(まご)さん
고모부	伯父(おじ)	伯父(おじ)さん
이모부	叔父(おじ)	叔父(おじ)さん
이모	叔母(おば)	叔母(おば)さん
조카	おい	おいごさん
조카딸	めい	めいごさん
형제	兄弟(きょうだい)	ご兄弟(きょうだい)
자매	姉妹(しまい)	ご姉妹(しまい)
장남	長男(ちょうなん)	ご長男(ちょうなん)
장녀	長女(ちょうじょ)	ご長女(ちょうじょ)
차남	次男(じなん)	ご次男(じなん)
차녀	次女(じじょ)	ご次女(じじょ)
사촌	いとこ	いとこのかた
부부	夫婦(ふうふ)	ご夫婦(ふうふ)
시아버지	しゅうと	おしゅうとさん
시어머니	姑(しゅうとめ)	お姑(しゅうとめ)さん
사위	婿(むこ)	お婿(むこ)さん
며느리	嫁(よめ)	お嫁(よめ)さん
아가씨, 따님		お嬢(じょう)さん
자녀분		お子(こ)さん

年(とし) 년
一昨年(おととし)・一昨年(いっさくねん) 재작년
昨年(さくねん)・去年(きょねん) 작년
今年(ことし) 올해
来年(らいねん) 내년
再来年(さらいねん) 내후년
毎年(まいねん)・毎年(まいとし) 매년
年末(ねんまつ) 연말

月(つき) 월	
先先月(せんせんげつ) 지지난달	月初(つきはじ)め 월 초
先月(せんげつ) 지난달	初旬(しょじゅん) 초순
今月(こんげつ) 이번 달	中旬(ちゅうじゅん) 중순
来月(らいげつ) 다음달	下旬(げじゅん) 하순
再来月(さらいげつ) 다다음달	
毎月(まいげつ)・毎月(まいつき) 매달	

日(にち) 일	
一日(**ついたち**) 1일	七日(**なのか**) 7일
二日(**ふつか**) 2일	八日(**ようか**) 8일
三日(**みっか**) 3일	九日(**ここのか**) 9일
四日(**よっか**) 4일	十日(**とおか**) 10일
五日(**いつか**) 5일	二十日(**はつか**) 20일
六日(**むいか**) 6일	何日(なんにち) 몇 일

時(じ) 시	
一時(いちじ) 1시	八時(はちじ) 8시
二時(にじ) 2시	九時(**くじ**) 9시
三時(さんじ) 3시	十時(じゅうじ) 10시
四時(**よじ**) 4시	十一時(じゅういちじ) 11시
五時(ごじ) 5시	十二時(じゅうにじ) 12시
六時(ろくじ) 6시	何時(なんじ) 몇 시
七時(しちじ) 7시	

12

호
칭

分(ふん) 분
一分(**いっぷん**) 1분
二分(にふん) 2분
三分(**さんぷん**) 3분
四分(**よんぷん**) 4분
五分(ごふん) 5분
六分(**ろっぷん**) 6분
七分(ななふん)・七分(しちふん) 7분
八分(はちふん)・八分(**はっぷん**) 8분
九分(きゅうふん) 9분
十分(**じ(ゅ)っぷん**) 10분
何分(なんぷん) 몇 분

♠ 十(じゅう)는 「じゅっ」, 「じっ」으로 읽힌다. 하지만 요즘은 「じっ」
은 거의 사라지고 보통 「じゅっ」으로 읽고 있다.

사람 人(にん) ~명

一人(**ひとり**) 한 사람	七人(しちにん) 일곱 사람
二人(**ふたり**) 두 사람	八人(はちにん) 여덟 사람
三人(さんにん) 세 사람	九人(きゅうにん) 아홉 사람
四人(**よにん**) 네 사람	十人(じゅうにん) 열 사람
五人(ごにん) 다섯 사람	何人(なんにん) 몇 사람
六人(ろくにん) 여섯 사람	

사물 하나, 둘 …

一(ひと)つ 하나	七(なな)つ 일곱
二(ふた)つ 둘	八(やっ)つ 여덟
三(みっ)つ 셋	九(ここの)つ 아홉
四(よっ)つ 넷	十(とお) 열
五(いつ)つ 다섯	いくつ 몇
六(むっ)つ 여섯	

⑫

호
칭

台(だい) ～대	
一台(いちだい) 한 대	七台(ななだい)・七台(しちだい) 일곱 대
二台(にだい) 두 대	八台(はちだい) 여덟 대
三台(さんだい) 세 대	九台(きゅうだい) 아홉 대
四台(よんだい) 네 대	十台(じゅうだい) 열 대
五台(ごだい) 다섯 대	何台(なんだい) 몇 대
六台(ろくだい) 여섯 대	

枚(まい) ～장	
一枚(いちまい) 한 장	七枚(ななまい)・七枚(しちまい) 일곱 장
二枚(にまい) 두 장	八枚(はちまい) 여덟 장
三枚(さんまい) 세 장	九枚(きゅうまい) 아홉 장
四枚(よんまい) 네 장	十枚(じゅうまい) 열 장
五枚(ごまい) 다섯 장	何枚(なんまい) 몇 장
六枚(ろくまい) 여섯 장	

番(ばん) ~번	
一番(いちばん) 일 번	七番(ななばん)・七番(しちばん) 칠 번
二番(にばん) 이 번	八番(はちばん) 팔 번
三番(さんばん) 삼 번	九番(きゅうばん) 구 번
四番(よんばん) 사 번	十番(じゅうばん) 십 번
五番(ごばん) 오 번	何番(なんばん) 몇 번
六番(ろくばん) 육 번	

回(かい) ~회	
一回(**いっかい**) 일 회	七回(ななかい) 칠 회
二回(にかい) 이 회	八回(**はっかい**)・八回(**はちかい**) 팔 회
三回(さんかい) 삼 회	九回(きゅうかい) 구 회
四回(よんかい) 사 회	十回(**じ(ゅ)っかい**) 십 회
五回(ごかい) 오 회	何回(なんかい) 몇 회
六回(**ろっかい**) 육 회	

階(かい) ～층	
一階(**いっかい**) 일 층	七階(ななかい) 칠 층
二階(にかい) 이 층	八階(**はっかい**) 팔 층
三階(**さんがい**) 삼 층	九階(きゅうかい) 구 층
四階(よんかい) 사 층	十階(**じ(ゅ)っかい**) 십 층
五階(ごかい) 오 층	何階(なんがい) 몇 층
六階(**ろっかい**) 육 층	

個(こ) ～개	
一個(**いっこ**) 한 개	七個(ななこ) 일곱 개
二個(にこ) 두 개	八個(**はっこ**)・八個(はちこ) 여덟 개
三個(さんこ) 세 개	九個(きゅうこ) 아홉 개
四個(よんこ) 네 개	十個(**じ(ゅ)っこ**) 열 개
五個(ごこ) 다섯 개	何個(なんこ) 몇 개
六個(**ろっこ**) 여섯 개	

歳(さい) ～세	
一歳(**いっさい**) 한 살	七歳(ななさい) 일곱 살
二歳(にさい) 두 살	八歳(**はっさい**)・八歳(はちさい) 여덟 살
三歳(さんさい) 세 살	九歳(きゅうさい) 아홉 살
四歳(よんさい) 네 살	十歳(**じ(ゅ)っさい**) 열 살
五歳(ごさい) 다섯 살	二十歳(**はたち**) 스무 살
六歳(**ろっさい**) 여섯 살	何歳(なんさい) 몇 살

冊(さつ) ～권	
一冊(**いっさつ**) 한 권	七冊(ななさつ) 일곱 권
二冊(にさつ) 두 권	八冊(**はっさつ**) 여덟 권
三冊(さんさつ) 세 권	九冊(きゅうさつ) 아홉 권
四冊(よんさつ) 네 권	十冊(**じゅっさつ**) 열 권
五冊(ごさつ) 다섯 권	何冊(なんさつ) 몇 권
六冊(**ろっさつ**) 여섯 권	

⑫

호

칭

皿(さら) ～접시	
一皿(**ひとさら**) 한 접시	七皿(ななさら) 일곱 접시
二皿(**ふたさら**) 두 접시	八皿(**はっさら**)・八皿(はちさら)여덟 접시
三皿(さんさら) 세 접시	九皿(きゅうさら) 아홉 접시
四皿(よんさら) 네 접시	十皿(**じ(ゅ)っさら**) 열 접시
五皿(ごさら) 다섯 접시	何皿(なんさら) 몇 접시
六皿(ろくさら) 여섯 접시	

足(そく) ～켤레	
一足(**いっそく**) 한 켤레	七足(ななそく) 일곱 켤레
二足(にそく) 두 켤레	八足(**はっそく**) 여덟 켤레
三足(さんそく) 세 켤레	九足(きゅうそく) 아홉 켤레
四足(よんそく) 네 켤레	十足(**じ(ゅ)っそく**) 열 켤레
五足(ごそく) 다섯 켤레	何足(なんぞく) 몇 켤레
六足(ろくそく) 여섯 켤레	

杯(はい) ～잔	
一杯(**いっぱい**) 한 잔	七杯(ななはい) 일곱 잔
二杯(にはい) 두 잔	八杯(**はっぱい**) 여덟 잔
三杯(**さんばい**) 세 잔	九杯(きゅうはい) 아홉 잔
四杯(よんはい) 네 잔	十杯(**じ(ゅ)っぱい**) 열 잔
五杯(ごはい) 다섯 잔	何杯(なんばい) 몇 잔
六杯(**ろっぱい**) 여섯 잔	

箱(はこ) ～상자	
一箱(**ひとはこ**) 한 상자	七箱(ななはこ) 일곱 상자
二箱(**ふたはこ**) 두 상자	八箱(はっぱこ)・八箱(はちはこ) 여덟 상자
三箱(**みはこ**) 세 상자	九箱(きゅうはこ) 아홉 상자
四箱(よんはこ) 네 상자	十箱(じ(ゅ)っぱこ) 열 상자
五箱(ごはこ) 다섯 상자	何箱(なんばこ) 몇 상자
六箱(**ろっぱこ**) 여섯 상자	

匹(ひき)　～마리	
一匹(**いっぴき**) 한 마리	七匹(**ななひき**) 일곱 마리
二匹(にひき) 두 마리	八匹(**はっぴき**) 여덟 마리
三匹(**さんびき**) 세 마리	九匹(**きゅうひき**) 아홉 마리
四匹(よんひき) 네 마리	十匹(**じ(ゅ)っぴき**) 열 마리
五匹(ごひき) 다섯 마리	何匹(**なんびき**) 몇 마리
六匹(**ろっぴき**) 여섯 마리	

本(ほん)　～자루/송이	
一本(**いっぽん**) 한 자루/송이	七本(ななほん) 일곱 자루/송이
二本(にほん) 두 자루/송이	八本(**はっぽん**) 여덟 자루/송이
三本(**さんぼん**) 세 자루/송이	九本(きゅうほん) 아홉 자루/송이
四本(よんほん) 네 자루/송이	十本(**じ(ゅ)っぽん**) 열 자루/송이
五本(ごほん) 다섯 자루/송이	何本(**なんぼん**) 몇 자루/송이
六本(**ろっぽん**) 여섯 자루/송이	

조수사 円(えん) ～엔
一円(いちえん) 일 엔
五円(ごえん) 오 엔
十円(じゅうえん) 십 엔
五十円(ごじゅうえん) 오십 엔
百円(ひゃくえん) 백 엔
五百円(ごひゃくえん) 오백 엔
千円(せんえん) 천 엔
万円(まんえん) 만 엔
十万円(じゅうまんえん) 십만 엔
百万円(ひゃくまんえん) 백만 엔
千万円(せんまんえん) 천만 엔
一億円(いちおくえん) 일억 엔
三千六百円(さんぜんろっぴゃくえん) 삼천육백 엔
いくら 얼마

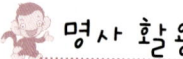 명사 활용표

	あなた	学生(がくせい)
~だ 현재	あなただ	学生だ
~では(じゃ)ない 현재부정	あなたではない	学生ではない
~です 정중	あなたです	学生です
~では(じゃ)ないです 정중부정	あなたではないです	学生ではないです
~だった 과거	あなただった	学生だった
~では(じゃ)なかった 과거부정	あなたではなかった	学生ではなかった
~でした 과거정중	あなたでした	学生でした
~では(じゃ)なかったです **~では(じゃ)ありませんでした**	あなたではなかったです あなたではありませんでした	学生ではなかったです 学生ではありませんでした
~で 연결	あなたで	学生で
~ですか 의문	あなたですか	学生ですか
~なら 가정	あなたなら	学生なら
~だったら 과거가정	あなただったら	学生だったら
~だろう 추측	あなただろう	学生だろう
~でしょう 추측정중	あなたでしょう	学生でしょう

い형용사 활용표

	いい・よい	ない	おいしい	寒(さむ)い
명사수식	いい・よい	ない	おいしい	寒い
~です 정중	いいです よいです	ないです	おいしいです	寒いです
~くて 연결	よくて	なくて	おいしくて	寒くて
~かった 과거	よかった	なかった	おいしかった	寒かった
~くない 부정	よくない	(なくはない)	おいしくない	寒くない
~くなかった 과거부정	よくなかった	(なくはなかった)	おいしくなかった	寒くなかった
~だろう ~かろう 추측	いいだろう よかろう	ないだろう なかろう	おいしいだろう おいしかろう	寒いだろう 寒かろう
~なら ~れば	いい(よい)なら よければ	ないなら なければ	おいしいなら おいしければ	寒いなら 寒ければ
~かったら 조건가정	よかったら	なかったら	おいしかったら	寒かったら
명사형	よさ	なさ	おいしさ	寒さ

12

호
칭

な형용사 활용표

	きれいだ	静(しず)かだ	便利(べんり)だ	親切(しんせつ)だ
명사수식	きれいだ	静かだ	便利だ	親切だ
~です 정중	きれいです	静かです	便利です	親切です
~で 연결	きれいで	静かで	便利で	親切で
~だった 과거	きれいだった	静かだった	便利だった	親切だった
~で(は)ない 부정	きれいで(は)ない	静かで(は)ない	便利で(は)ない	親切で(は)ない
~で(は)なかった 과거부정	きれいで(は)なかった	静か(では)なかった	便利で(は)なかった	親切で(は)なかった
~だろう 추측	きれいだろう	静かだろう	便利だろう	親切だろう
~なら ~だったら 조건가정	きれいなら きれいだったら	静かなら 静かだったら	便利なら 便利だったら	親切なら 親切だったら
명사형	きれいさ	静かさ 静けさ	便利さ	親切さ

동사활용표 1그룹 동사 (5단 동사)

	行(い)く	泳(およ)ぐ	買(か)う	死(し)ぬ	乗(の)る	話(はな)す
명사수식	行く	泳ぐ	買う	死ぬ	乗る	話す
~ない 부정	行かない	泳がない	買わない	死なない	乗らない	話さない
~ます 정중	行きます	泳ぎます	買います	死にます	乗ります	話します
~て(で) 연결	行って	泳いで	買って	死んで	乗って	話して
~た(だ) 과거	行った	泳いだ	買った	死んだ	乗った	話した
~たら(だら) ~ば 가정	行けたら 行けば	泳げば 泳げば	買ったら 買えば	死んだら 死ねば	乗ったら 乗れば	話したら 話せば
가능	行ける	泳げる	買える	死ねる	乗れる	話せる
명령	行け	泳げ	買え	死ね	乗れ	話せ
~う 권유	行こう	泳ごう	買おう	死のう	乗ろう	話そう
~れる 수동 존경	行かれる	泳がれる	買われる	死なれる	乗られる	話される
~せる 사역	行かせる	泳がせる	買わせる	死なせる	乗らせる	話させる

♠ 예외 1그룹동사 : 형태는 2그룹이나 1그룹으로 활용하는 동사

帰(かえ)る · 切(き)る · 知(し)る · 入(はい)る · 走(はし)る 등

12

호
칭

활용표

동사활용표 2그룹 동사 (1단 동사)

	見(み)る	起(お)きる	出(で)る	食(た)べる	寝(ね)る
명사수식	見る	起きる	出る	食べる	寝る
~ない (부정)	見ない	起きない	出ない	食べない	寝ない
~ます (정중)	見ます	起きます	出ます	食べます	寝ます
~て (연결)	見て	起きて	出て	食べて	寝て
~た (과거)	見た	起きた	出た	食べた	寝た
~たら/~ば (가정)	見たら 見れば	起きたら 起きれば	出たら 出れば	食べたら 食べれば	寝たら 寝れば
가능	見られる (見れる)	起きられる (起きれる)	出られる (出れる)	食べられる (食べれる)	寝られる (寝れる)
명령	見ろ	起きろ	出ろ	食べろ	寝ろ
~う (권유)	見よう	起きよう	出よう	食べよう	寝よう
~れる (수동/존경)	見られる	起きられる	出られる	食べられる	寝られる
~せる (사역)	見させる	起きさせる	出させる	食べさせる	寝させる

 동사활용표 3그룹 동사 (불규칙 동사)

	来(く)る	する
명사수식	くる	する
~ない (부정)	こない	しない
~ます (정중)	きます	します
~て (연결)	きて	して
~た (과거)	きた	した
~たら/~ば (가정)	きたら くれば	したら すれば
가능	こられる (これる)	できる
명령	こい	しろ / せよ
~う (권유)	こよう	しよう
~れる (수동/존경)	こられる	される
~せる (사역)	こさせる	させる